侯楨著

侯楨作品集3：短篇小說

自求多福

文史哲出版社印行

自求多福 /侯楨著 -- 初版 -- 臺北市：文史哲,民 101.03
頁; 公分（侯楨作品集；3）
ISBN 978-986-314-015-3（平裝）

857.63　　　　101002786

侯楨作品集 3：短篇小說

自求多福

著　者：侯　楨
出版者：文史哲出版社
http:// www.lapen.com.tw
e-mail：lapen@ms74.hinet.net
登記證字號：行政院新聞局版臺業字五三三七號
發行人：彭正雄
發行所：文史哲出版社
印刷者：文史哲出版社
臺北市羅斯福路一段七十二巷四號
郵政劃撥帳號：一六一八〇一七五
電話 886-2-23511028・傳真 886-2-23965656

定價新臺幣三二〇元

中華民國一百零一年（2012）三月初版

ISBN 978-986-314-015-3　　08523

序

墨　人

侯楨女士的寫作生涯，起步不早，出書不多，但寫作態度十分嚴謹、純正，在今天這種以名利為第一目標而方法又變化多端的文壇風氣之下，能保持作家的道德良心和尊嚴的作者已經不多，侯楨是後起者中很難得的一位。

她是一位相夫教子都有成就的家庭主婦，行有餘力，才從事寫作，而且十分虛心。她已經出版了「清福三年」和「喜上眉梢」兩個短篇小說集，這是她的第三個短篇小說集。

這個集子裡一共收集了「自求多福」、「不速之客」、「主婚人」、

「摑妻記」、「過雲雨」、「嗟來之食」、「畫眉之樂」、「相親」、「大雷雨」九個已在報章雜誌上發表的短篇，篇篇純正，都是從實際生活中提煉出來的，不是無病呻吟，更不是投機取巧的作品，人生經驗不豐富，沒有相當功力是寫不出來的，因為純正的文學作品要全憑功力，非以詭譎或色情來引誘年輕的讀者，她走的是大作家的正路，讀者的層次較高，她不是吹肥皂泡泡，也不是在沙灘上建寶塔，而是在大磐石上一磚一瓦地經營，因此可大可久。

「自求多福」是寫一位退休公務員的失落感和無聊、無奈的心情，子女太太都不可靠，最後還是自求多福，打電話給老同事想找個臨時人員的工作。現在這種退休人員很多，子女都已成人，獨立生活，太太打牌消遣，自己一向兢兢業業，沒有不良嗜好，身體也很好，卻無所事事，寂寞、無奈、度日如年，這也是一個社會問題。這個短篇一開頭就有伏筆，前後呼應，結構很好。

「嗟來之食」也是這類題材，但故事不同，結局亦異。

「不速之客」的故事有懸疑性，且富有人情味，曲曲道道出這個大悲劇時代的小悲劇。

「摑妻記」是寫中美斷交時的人心浮動，太太賣屋提款赴美，先生怒摑其妻的悲歡離合，為那段暗淡的日子留下了一個見證。

「主婚人」是寫一位好強好勝而又虛榮的女性所造成的夫妻分居終因兒子結婚的巧妙安排主婚人而使夫妻重聚的悲喜劇。故事中夫妻個性對比強烈，效果很好。

「相親」的故事也相當巧妙，結構很好。

其他各篇不必一一介紹，作者的作品有其一貫的風格：平實、敦厚、富有人情味和中國文學的傳統風貌。她的作品不會使人墮落，只會提昇人的精神生活，在目前商業文學盛行的風氣中，它發揮了文學的正面作用。

自求多福

目 次

序……墨 人……一
自求多福……七
主婚人……三七
不速之客……五七
嗟來之食……八一
過雲雨……一〇五
畫「眉」之樂……一二五
摑妻記……一四七
大雷雨……一六七
相 親……二二七

自求多福

六十大關一過，「退休」兩字就開始困擾著朱士賢。

他忌諱人家談論退休的問題。也討厭參加別人所謂「榮退」的歡送聚會，更討厭別人問他的年齡。事實上，他的六十歲生日宴也是六十好幾了，才在同事的催迫下無可奈何請的客。他總以為能隱瞞就隱瞞，也許隱瞞可以改變一些狀況也不一定。

他每天精神奕奕的工作，做事負責認真，從不遲到早退，不休假，更不會請假，但仍然無法改變狀況，人事部門還是通知他辦退休手續了。有些同事還明知故問：

「朱科長，你不是剛過六十大壽嗎？怎麼就退休了？怎不再多做幾年……？」

天曉得誰不想多做幾年，他自認一輩子奉公守法、工作盡職、身體健康，再工作十年不成問題，為什麼要退呢？他認為退休應以工作能力和健康來決定，不能硬性規定的，對這種合情合理完善的退休制度，他一直無法接受。

同事陳靜仁一向敬重他的為人，看出他心理不平衡，偷偷的對他說如果想回來工作，他可以設法，儘管現在退下來想回來工作的人很多，已經很困難了，但他還是可以想辦法的。他感激朋友的關懷，但是他沒有接受，等於是解雇了的人，還回來做什麼？再說，要他像蕭科長那樣回來補個臨時人員的閒職，見人都討好陪笑，被小老弟瞪一眼也無所謂的修養工夫，他沒有。他有自知之明，斷然拒絕朋友的好意。

這幾天他都有應酬，推不掉那又酸又澀，他最最討厭的應酬——榮退、榮退。他瞥一眼那塊同事送的金色盾牌，以後只有伴著它渡餘年了，他的心情好落寞。

「朱科長，恭喜你退休啦！你福氣真好，妻賢子孝，退休後可以在家含飴弄孫，納福去也……。」

是的，納福去也。朱士賢無可奈何的笑笑。

早上七點已過，朱士賢還躺在床上沒有起來，其實他早就醒了，就是不想起床，他要嘗嘗退休納福的滋味。

「士賢，起來啦！不上班也該起來了。麵條都泡爛了，再不吃就變成麵糊了，你可別挑剔罵人唷！」

太太又來催促了，幾分鐘就來催一次，真討厭。我工作了幾十年，現在奉命退休，從今以後，不必再趕時間，不必再衝著風雨頂著太陽出門，可以自由自在隨心所欲的生活，沒想到才第一天就受太太的約束。他心裏很不高興，充耳不聞的翻了個身，臉朝牆壁想再睡一會，聽到外面好嘈雜，小孫哭鬧聲、兒子責罵聲、媳婦的高跟鞋匆促的走路聲，隱隱約約的聽見娃娃車來了，孫兒高喊奶奶再見，聲音隨著車聲越去越遠，不一會，兒子的車發動了，一切趨於平靜。正想可以安安靜靜的再睡一會，太太的腳步聲又近了，怎麼她早上沒事幹老盯著我？昨晚臨睡前就再三問他今天打算做什麼？退休的第一天，誰知道做什麼？當時就告訴她明天他要先享享福睡個懶覺再說，沒想到她……。唉！反正福是享不成了，還是起來吧！

他伸了個懶腰，走到餐桌旁瞄一眼，杯盤狼藉，只有他那碗麵還完整的擺在那裏，他一向是全家最早吃早餐的一個，除了出差，幾乎都如此。太太為他下一碗麵條，有一點青菜和一個荷包蛋，餐桌是乾乾淨淨的，那像現在殘羹剩餚的場面，他皺皺眉頭。今天反正是不上班了，何必趕著吃早餐呢？他又向那碗吃了幾十年忽然倒胃口的麵條瞄一眼，搖搖頭，看報紙算了。

他拿起幾張摺得歪歪斜斜的報紙，心頭又是一陣不快，每天清晨都是他頭一個看報的，他起得早，那是他的專利，也是他的權利。沒想到偶爾晚了一點，報紙被人翻開過，退休的頭一天，權利就受到侵犯，他滿心的不自在。

太太在收拾桌子，又要開腔了，果然：

「怎麼還不吃？冷啦！」

「早就冷了，怎麼吃？我不餓，不吃了！」

「不上班也不能不吃早飯呀？催你幾次你都不起來，當然冷啦！退休了還要給我添麻煩。我去給你熱一熱好了，你洗過臉了沒有？」

「沒有。」

「怪了，你今天怎麼搞的？連洗臉都要我催，第一天不上班你就這麼邋遢散慢，以後日子怎麼過啊！」

怎麼過？我頭一天不上班妳就這麼嫌我……。

他把話憋在肚子裏，由洗手間出來，勉強自己再走向餐桌，桌子已收拾乾淨，那碗麵還端端正正的擺在那裏，太太光說熱而並未拿去熱。算了，吃吧，省得又嘮叨。他拿起筷子把那碗泡得胖嘟嘟的麵條攪兩下，一口氣嚥下去，隨手拿起報紙。

家裏只有老婆和他，怎麼躺怎麼靠都可以。不用上班，有的是時間，報紙可以慢慢看。剛入神，聽見太太在玄關外揚聲大喊：

「士賢，我去買菜了，你看著家。」

他遽然一怔，取下老花眼鏡坐直腰大聲問她：

「什麼？妳叫我看家？」

「是呀，今天有你看家，我不必鎖門了。這也好，你以後不上班正好在家照顧門户，我以後出去也放心些。」

廢話，我不上班給妳看門？做夢！我又不是妳的門房。他嘴裏沒有罵出來，心裏可是嘀咕著，忽然叫住她：

「等一下，我也去。」

他太太愕然的退回來：

「你去做什麼？」

「買菜呀，反正沒事，跟你到菜市場看看嘛！」

「買菜有什麼好看的？你走了誰看家？」

「怪了，那我上班時誰看家呀？」

太太答不上話，知道他的牛脾氣，只好回房裏拿鑰匙。他也匆匆的換了衣服跟太太走出去。

一到市場，朱太太顯得很熱絡，每個攤販都和她打招呼。朱士賢看在眼裏，很不是滋味。為什麼要和這些市井小販混得那麼熟呢？他很不以為然。背著手，眼睛跟著太太四處巡視。太太在一家豬肉攤前停下來，肉販笑容可掬的切了一塊肉放在磅秤上，隨即用塑膠袋遞給太太，太太連眼睛都沒有抬就打開皮包拿錢，他一看不對勁：

「慢著，多重？」

肉販和太太同時一怔，愕然的看著他，肉販隨即笑嘻嘻的説：

「一斤。」

「有一斤嗎？」

肉販把肉放回磅秤上，把秤轉向他：

「先生，你看看，不會少的，這位太太在我這裏買了幾年肉，秤頭絕對可以放心。」

朱士賢不以為然，指著他的磅秤，神態怫然：

「你要我們放心就該主動的秤給我們看，你的磅秤向著裏邊，誰知道你的秤頭夠不夠？」

「是！是！下次一定改正。」

肉販和顏悅色不斷的點頭陪笑，能接受教誨就好，朱士賢感到滿意，回頭想向太太表功，沒料到太太怒容滿面的拿起肉往菜籃一扔，一言不發的走了。

討了個沒趣，朱士賢感到難堪，只好默默的跟著太太走。太太又在一個菜攤前停下來，他看太太挑了幾樣菜交給菜販，菜販迅速把每樣菜往磅秤一擱，一邊裝袋嘴裏很快的念出：

「一百二十八塊。」

他一聽又不對勁，趕快擋住太太遞出去的錢：

「慢著，幾樣菜怎麼會要一百多塊？你算給我聽？」

菜販同樣堆著一臉的笑，耐心的解說一番。當他把每樣菜的價錢都弄清楚的時候，一回頭，太太已經放下錢走了。

他茫然的向四周掃一眼，興趣索然的追上太太回家去。

回到家裏，太太把菜籃重重的往桌上一擱，氣得連說話都發抖的指著他說：

「明天的菜你自己去買，我不買了。」

朱士賢壓制著內心的不悅，故作不解的瞪著她：

「怎麼啦？我做錯了什麼嗎？」

「我今天簡直給你丟臉丟盡了，……。」

「丟臉？我丟什麼臉？我什麼都沒拿人家的？難道說我看人家的秤不應該？我問清楚菜的價錢也算丟臉？」

「本來就是嘛，我在這個菜市場買了幾年菜，大家客客氣氣，你卻用這種眼光看人家，以後我們見面多尷尬？」

「這有什麼關係？本來就是他們不對，做生意就該光明磊落，大家當面看明白，他們這種態度當然叫人懷疑。如果他們少給妳二兩，或是多算妳幾塊錢，豈不吃虧？」

「會嗎？現在做生意競爭得厲害，如果他們騙了我，不怕失去我這個顧客嗎？」

「問題是如果他們騙了妳，妳會知道嗎？像妳這種愛面子要性格的顧客，不騙妳騙誰？」

「那麼？剛才你已經看到了，他們有騙我嗎？」

「剛才倒沒有。」

「那麼什麼時候會有呢？如果你都用這種眼光看事情，你以後的煩惱多著呢。」

「妳也不必死護著人家，我只是提醒妳而已。現在人心不古，任何事都不能過分信任人……。」

「你買過多少菜？有多少經驗？居然教訓起我來了？我買了幾十年的菜難道還不及你這個頭一次上菜場的人？」

朱士賢知道怎麼都說不過她，反正她有理。話不投機半句多，少惹閒氣為妙。今天是我退休的第一天，以後日日相對，難道天天爭論不成？他不再説話，拿起還沒看完的報紙回房裏去。昨晚睡得不安寧，今天又醒得早，反正不上班，睡個回籠覺納納福吧！

閉上眼，腦海裏盤旋著盡是辦公廳的事情，明知道一切都與他無關了，公家的事情總有人做的，可是不知道為什麼，總是放不下心，老擔心接他的人不知道能否勝任？他的工作好繁重，不是每個人都能做得了的，這一切都與我無關了，何必還操這份心呢？他勉強自己不要再想，卻偏偏拂之不去，連看報紙都視如無睹。

迷迷糊糊的，太太來推他一把：

「怎麼睡得那麼死，叫都不應，我還以為你出去了呢？今天已經起得夠晚了，怎麼又要睡覺？你這麼懶散，難道以後你天天都這麼睡覺不成？起來吃飯啦！」

吃飯？又吃飯了？這麼快？他懶洋洋的坐起來，心思馬上又飛回辦公廳，這半天不知道有什麼事情發生？算了！想它幹什麼？他甩甩頭，頹然的走向飯廳。

餐桌上整整齊齊的擺著兩付碗筷，一菜一湯，似曾相識，一沉思，那已經是三十年前的事情了——結婚之初，只兩個人，下班回家就是這付情景，兩人相對邊吃邊談，甜甜蜜蜜。以後孩子陸續到來，吃飯就不再安寧，都是匆匆吃完了事，再沒有新婚時的閒情逸致了。最近幾年，兒女成婚，孫輩成群，吃飯時濟濟一堂，既熱鬧又吵鬧，飯桌都是孩子們的天下，菜餚也是以孩子為主。太太為了照顧孫兒們，越來越少和他說話，當然她自己也難得吃頓安樂飯。只有中午，中午只有她一個人在家，想到她白天的孤單寂寞，不覺含情的望一眼太太，剪得過短的頭髮，看來倒很有活力，有點陌生了的臉龐，眼神嚴肅而帶點落寞，既尖且紅的指甲油配在那雙曾經操勞過度而浮起條條青筋的手上，很不調和，本來就黑的皮膚顯得蒼老多了。他心中忽有所動的對太太說：

「以後我可以天天陪妳吃午飯，妳不會再那麼寂寞了。」

沒想到太太淡淡一笑，冷冷的說：

「算了吧，我一個人吃省事得多，冰箱剩菜隨便吃吃了事，不必又切又洗動鍋動鏟的麻煩……。」

又碰釘子，動輒得咎，太太怎麼變得這麼不近人情？心中剛升起的一點陽光忽然又暗淡下來。

太太像是有心事，一言不發的匆匆吃完把東西收進廚房，出來時已換了衣服，手裏拿個皮包：

「我到周太太家去，我們約好的，晚飯前回來，你如果要出去鑰匙在床頭櫃上。」

他有點意外，怨意馬上襲上心頭，他想叫她不要出去，嘴裏卻說：

「他們呢？他們回來誰……？」

「他們都有鑰匙，不用管他們。」

「那小根根呢？也不用管嗎？」

他想起那個被太太寵得無法無天的小孫。

「他幼稚園的娃娃車會送他去他媽媽那裏，下班一塊回來。兩個丫頭自己有鑰匙，這些事不用你操心了，你還是找些自己的事情做吧！」

「要我做什麼呢？我是想找些事情做做的，我不上班了，以後天天在家可以幫妳做些家務事，減輕妳的辛勞，也……。」

他說的倒是真心話，不過也是在無可奈何的時候想討好太太而已。

太太遽然笑笑：

「家務，現在的家務我閉上眼睛一下都做完了，電子鍋煮飯一次可以吃兩三天，慢鍋燉湯根本不必看火候，菜我已弄好放在冰箱裏，大家回來後放到微波爐裏幾秒鐘就可以吃。洗衣服真的是一滴水都不沾手，有吸塵器，掃把拖把都免了，你說一天下來有什麼家務事？我就是閒得發慌才每天出去打個小牌的，否則整天一個人在家裏真會悶出病來……。」

太太走了，他心裏很不舒服。還以為午飯後太太會提議陪他出去走走，或是泡壺茶聊聊，問問他最近辦離職手續的情形？有什麼退休後的計劃？想不想去旅行等等。總之，退休的第一天，她應該多關照他，多陪他，讓他能適應心裏和生活上的轉變才對。可是太太沒有，早上到現在只會挖苦他、埋怨他、責備他……。他越想越心煩，忽然間，似乎什麼都失去了，他從來沒有這麼空虛過，長久以來，他都過著一種定了型的生活，上班、回家。上班，做他份內事，他不求升遷，盡量不交際應酬。回家，也很少和家人談笑。每個月的薪水袋交給太太，其他一切不管，唯一的嗜好就是抽煙看報紙。每天下班回家，菜飯已等著他，飯後抽支煙喝杯茶洗個澡，七點半以前的電視機屬於孫兒們，八點以後屬於太太，他唯一可看的是報告新聞，他認為已足夠了。看完新聞拿晚報回房，看完睡覺，生活過得很充實。這種安定實在的生活由今天開始結束了，他還沒來得及想想以後的生活該怎麼辦？他得好好想想，該怎麼辦？

上午睡過覺，現在一點睡意都沒有，他在屋裏轉一圈，什麼事都找不到可做的，這種公寓式的房子，乾乾淨淨，整整齊齊，兒子混得不錯，都是一流的設備，憑朱士賢的薪水袋是辦不到的，難怪剛才太太說什麼家務事都沒有，是沒有了，他弄不清自己是該滿足還是失望，頹然的跌坐在軟綿綿的沙發裏。

他忽然想到，打幾個電話給已退休的朋友，告訴他們他也退下來了。再一想，算了，不說也罷，又不是什麼值得宣揚的事，何必急著告訴人家。

黃昏的時候，全家都回來了，和平常的情形一樣，沒有人問他今天怎麼過的？沒有人問他今天有沒有出去走走、看看朋友？太太沒有為他特別加點菜叫他喝一杯以示慶賀他的退休。雖然他不會喝酒，雖然他心裏不認為這是件值得慶賀的事，但總要表示一下呀，好像退休是他個人的事，與家人無關似的。這是他的家呀，無論如何當初也是他赤手空拳辛辛苦苦建立的家，他為這個家賣命了幾十年，現在面臨這麼重大的轉變，可以說是他生命史上的一大轉變，家裏居然沒有一個人關懷他，他好失望，好失望！

日子就在這麼不順心的情況下過去。漸漸的，他對辦公廳的事情淡忘了，不再時常想到它了。可是，想得愈少腦子裏的空白愈多，連分心都沒有的生活令他更難受。加上最近太太都是上午就出去了，太太對他說：

「她們說要恢復打十二圈，所以我只好上午去了。電子鍋裏有熱飯，燉鍋裏有排骨湯，我給你弄了個涼拌菜，中午你自己吃吧！」

曾幾何時？他還擔心太太中午會孤單寂寞一個人吃飯，現在誰來擔心自己寂寞呢？他心淒然一笑。想到昨天太太在兒媳面前對他的態度，不免心寒，心頭又是一陣難堪！

昨天，他心血來潮，想到可以找些事情做做，他把陽台的幾盆花弄一下，雖然他對此外行，不過把枯枝黃葉去掉、太長的剪短、雜草拔除倒是會的，也許可以培養些興趣，以後就移情於花木也不錯。他興緻勃勃兩手被花刺傷了好幾道也不在乎。

太太回來了，他興奮的要太太去看看他的傑作，太太卻對他吼叫起來：

「哎呀，你弄那些花幹什麼？花圃的人會定時來給我們整理更換的。我已經跟你說過家裏的事你什麼都不要管，你還去弄它幹什麼呢？你難道不可以找些正當的事情做做嗎？」

這下朱士賢再也忍不住了，積了很久的怨氣終於吐了出來，他往桌子一拍：

「什麼是正當的事情呢？我做了一輩子正當事情，現在奉命退休在家納福，卻整天看不到一個人影，連個說話的人都沒有，妳不認為我的生活太無聊嗎？無聊的時候弄弄花盆也值得妳這麼大叫大嚷嗎？」

朱太太從來沒見丈夫發過火，自知失言，怔了一下，但她仍不願放過機會，這幾個月，她看夠了丈夫無精打采長吁短噓的頹喪相，她要糾正他：

「照你這麼說，你退休家裏還得找個人守著你囉？現在這個社會，誰不是自求多福自己找樂子的？誰還為你安排不成？你整天窩在家裏那裏不去，當然無聊。出去找朋友聊聊天，自然會碰上機會，天下事很多都是聊天聊出來的。能再找份工作再做幾年，總比在家無所事事好些，人家七十好幾了還在工作呢。」

太太的話像把利刃刺中他的痛處，他心中直哆嗦，難道太太一點都不瞭解他的個性？他不喜歡無緣無故找朋友，更不喜歡為了某種原因找朋友，一輩子做事不曾求過人，怎麼到了功德圓滿退休了還要用這種心態去找朋友？他不幹。懍然的瞪太太一眼：

「說了半天原來妳指望我去找工作？妳要弄清楚，我的退休俸可不比上班時拿得少……。」

「我不在乎你的錢，我只要你再有份工作，才不會感到那麼無聊……。」

「說得簡單，找朋友幫忙想辦法，我退下來幾個月了，誰來看過我？」

他心裏指的是辦公廳的同事，離開後一點消息都沒有，連電話也不打一個來問問，真是世態炎涼。他好心寒。

太太不知道他的心意，盯著他說：

「你就錯了，朋有是要自己去找的，你不主動去找人，誰知道你退休了？誰知道你想不想再找工作？誰會無緣無故的找你？除非你很有辦法，除非你很有地位，除非……。」

「好了好了，說了一大堆都是廢話，除非像妳這種會打牌的人，到處受歡迎，對不對？」

夫妻倆莫名的吵起來，而且是當兒媳面前，這是從前未有的現象。朱太太吵完了事，事情一忙什麼都忘記了。朱士賢則耿耿於懷，夫妻幾十年，從未大聲斥責過對方，沒想到在退休納福之年，兒孫滿堂之時，才發生這種事情，他實在不明白怎麼會變得這麼苦惱的？社會淘汰他、朋友冷淡他，連家庭也不容納他。兒子叫他早上出去走走，走走能解決問題嗎？他怕的是漫漫長日呀！吵一次夠了，不能讓它變成習慣。在家裏納福不是件簡單的事……思前想後，決定向外發展，找朋友去，他不得不面對現實。他找出電話簿慎重的翻著，看看先打給誰比較恰當，找出幾個名字，他先撥第一個電話：

「喂，李公館嗎？我找李老太爺聽電話……出國了……太太也去了，會回來嗎……下個月……好的。」

他嗒然的笑笑，冒出一句：「好瀟洒」，又撥了第二個電話：

「喂，丁福老在家嗎……好的……我是士賢呀……哈哈，退了……想看看你呀……哦……你在打牌……三個女人在等著你……那麼不談了……再說吧……好的。」

「好荒唐」，他暗罵一句。再撥第三個電話：

「……我是士賢……是呀……退了……想來看看你，方便嗎？……飲茶……何必那麼浪費奢華……嘿嘿……我是土包子……好吧……記住了……準時到。」

「真派頭」，他又嘀咕一句。

總算有個著落，他心情一下開朗起來，好像問題已經可以解決了似的興奮。

這一天，朱士賢起得較平常早，全家沒有一個人看出他的心境。他仍然不說一句話，好像進行一件秘密行動似的謹慎，他按時按地點赴約，張青甫已先到了。還有兩位老朋友，意外的收穫，心情格外高興。

雖然是老朋友見面，仍不免寒喧一番。坐定後，比他年長好幾歲的張青甫關心的注視他好一會兒，搖搖頭：

「老弟，你發福了，不行不行，太胖了得，注意一點。」

朱士賢苦笑笑：

「吃了幾個月的閒飯，那能不發胖？」

「是否已有高就？」

「我不是跟你説吃了幾個月的閒飯，那來高就？」

「那？這陣子你在家做何消遣？」

「沒有消遣。」

「那？你每天的日子怎樣打發？」

朱士賢瞥大家一眼，仍然苦笑：

「打掃廚房、沖洗廁所、洗刷地板……。」

張青甫信以為真，不斷的點頭：

「也好，活動活動筋骨。」

「問題是連這種消遣都沒有，所以才會胖成這付模樣。」

大家費解的盯著他笑了起來，聽出他話裏有因，胡佛才故意問他：

「怎麼？士賢兄，你似乎心情不佳，莫非也患了退休病？那你可得注意啊！」

朱士賢聽不懂他的意思，以為問他的病，心裏十分安慰，幾十年夫妻還不如老朋友關懷。想到太太的勢利薄情，不寒而慄。他先嘆口氣，才悠悠的說：

「我是覺得不對勁，最近容易氣喘，胸部隱隱作痛，看報會無原無故的流眼淚，也……。」

「唔，我知道我知道，不用說了，都一樣的，什麼青光眼、白內障、攝護腺肥胖、血壓高、糖尿病，十個人中九個都是如此，那不是病，那是現象。你記住，是老人的現象，你我都老了，自然會有這些現象。所以，不說也罷，沒有人會關心你的病，也沒有人會樂意聽你申訴病情。你是剛退休，不瞭解時下人的心理，所以覺得奇怪。我是老資格了，我比你看得多，你一說病人家準會皺眉頭，覺得心煩。所以，還是免說的好。不如談談楊麗花作秀、談談香港前途問題、談談美俄限武談判等耐人尋味的話題比較受朋友歡迎。士賢老弟，不是老哥哥不關心你，澆你冷水，是想提醒你，幫助你，盡量找些可以使自己愉快的事情來做。我們只能自求多福，萬萬不能自求多病呀……。」

「是呀，別整天把自己關在屋子裏，出來走走嘛。退休都半年了，都不打個電話來，難怪你會悶出病來。你只要多和朋友接觸，看看別人的生活狀況，會改變自己的。要不要參加我們無業遊民俱樂部？跟我們一塊出去走走？保證你會找到另一個人生。」

倚老賣老的張青甫一席話，說得朱士賢無地自容，尷尬中，幸得鍾叔仁及時解圍，他靦腆的瞥大家一眼，順水推舟的轉變了話題，訕訕的說：

「你莫賣關子，我不懂什麼叫無業遊民俱樂部……。」

「你當然不懂，這是麥靜老發起的，你大概還記得麥靜老吧？他七十歲那年，找幾位同年老友組成這個俱樂部。無業是指這些老頭子都無需工作了，遊民是說大家都無牽無掛，可以雲遊四方。平時以各人的生日為聚會，由壽星請大家吃一頓……。」

胡佛才興趣盎然的問：

「奇怪？應該是大家請壽星才對呀？」

「這就是特別的地方，麥靜老認為，既然說人生七十古來稀，那麼去年過了生日今年能不能過誰都無法預料，既然能過，當然是一件值得高興的事情，既然高興就得請大家吃一頓分享這份高興。如果是大家請壽星，而壽星吃了又走了，豈不欠大家一份情？所以就決定由壽星請客了。不過你和佛才兄都不夠資格參加，只能做個候補的，這是麥老堅持的規定，一定要七十以上才能加入，不過你們可以參加我們旅遊活動，我們有近遊短遊遠遊之分，近遊指臺北近郊，短遊是全省各地名勝，需要外宿兩三天。遠遊則是國外旅行，我們上個月才遊東南亞回來，下次打算去一趟歐洲，那是明年的計劃了。你可以先參加近遊短遊，大家就可以經常聚會。我們每次遊完回來，休息一陣，又籌劃下一次旅程，不斷的有計劃在等著我們，日子就好過了。我們老人家只有自己安排自己的生活，這就叫做自求多福。怎麼樣？考慮考慮。」

頭髮幾乎全白了的胡佛才聽得入神，只見他搖搖頭：

「這個名字起得不好，可以用文雅一點。」

張青甫為大家添了茶，含蓄的笑笑：

「我也認為不大好，但麥靜老說，如果用松柏、長青之類的名字別人一看就知道必然是一群老頭子老傢伙，所以才取一個別人猜不透的，也算一絕。」

大家又都笑起來。朱士賢笑得很勉強，他的心情變得更複雜，他一點都不羨慕他們這種自以為自求多福的生活，他有他自己的想法。張青甫的說話，令他坐不安席，但他又不願放過機會，他希望朋友能知道他的來意，當鍾叔仁再問他的時候，他坦白的說：

「我的個性不適宜到處跑，我喜歡過規律的安定生活，所以我想，如果有機會，還是找份工作，再混幾年，等到將來……。」

「找工作？老天，你最好馬上打消這個念頭，你只要一開口，別人馬上回絕你。我們這種人，高當然不成，低也難得有得就，既無力氣到衛生大隊穿件黃背心掃街，也拉不下臉皮搬個椅子坐在大廈前看門，就算拉得下臉人家也不會要我們，太老了。反應不夠、儀表不夠英俊、動作不夠敏捷，人家條件多著呢，到馬馬虎虎的工廠當個警衛還勉強混得過去，可是你心理上還得有個準備，這不比以前上班唷，你能忍得下氣嗎？」

「何必作賤自己，又不是真的缺錢用，還是安安份份在家納福，煩悶的時候多出來找我們聊聊，你又不打牌，否則日子更容易過。你要學學人家麥靜老的人生哲學，他絕不做健康檢查，他認為人老了病痛難免，頭痛醫頭腳痛醫腳，挺得過去就算。早上站著練一個小時毛筆字，有搭子則摸八圈，否則聽平劇、泡澡堂、坐茶館。那天你有興趣我陪你去看看他，讓你親自體會人生……。」

胡佛才忽然問鍾叔仁：

「聽說你也會打牌了？你以前不是頂反對打牌的嗎？」

「我也是最近才學會玩十六張的，我只跟我的孩子們玩，他們都想贏我的錢，所以時常回來陪我，這不就是皆大歡喜了嗎？」

朱士賢怎麼也沒有想到高高興興的出門，卻憋了一肚子氣回家。

從此以後，他變得更沉默了，連晚上逗孫兒的興趣都沒有了。

家中仍然沒有人發覺他的轉變，還是他自己發覺的，他發覺自己真的是病了，根據症狀病得不輕。他怵然心驚，晚飯時他戚然的對太太說：

「我有點不舒服，我吃不下，我去睡覺了。」

說著拿了份晚報回房去，朱太太愕然一怔，馬上跟進房裏，神情帶點緊張：

「你那裏不舒服？」

難得太太會關心，他情緒一下激動起來，咽了幾下口水才平靜下來，幽幽的說：

「我好難受，我混身都不對勁，胸部悶痛、腦袋發脹、眼睛酸澀、口乾、經常失眠。我不知道該怎麼辦？我明天想去看看醫生。」

朱太太恍然的在他面前坐下來，聲音非常平靜的說：

「我早就知道你會病了，你看看幾個煙灰缸，個個都堆滿煙頭，我問你，到底一天抽幾包？煙抽多了自然口乾，口乾就要喝茶，茶喝多了晚上當然睡不著，晚上睡不著第二天當然是頭昏腦脹，再說抽那麼多煙胸部怎能不脹痛？晚上睡不著白天看報紙眼睛當然會酸澀。我本來就想叫你少抽一點，又怕你說我什麼都要管，只好不管了。現在你可知道原因了？這一切都是你自找的，要不要看醫生你自己決定，你得先把煙戒掉再說。」

又是當頭一記棒喝，朱士賢如夢初醒，昏昏沉沉的一句話也說不出來。

這次他可是真醒了。無論如何太太都不應該用這種態度對他說話的。沒想到夫妻的感情會變得這麼冷淡？這麼冷酷？他細細的分析發現，他和太太的感情早就冷淡了，只因為以前有工作忙碌，沒有在意這些事情，現在要在乎已經晚了。所謂冰凍三尺非一日之寒，也怪自己平日太呆板、太粗心，只知一板一眼規律的生活，現在想改變已來不及了。他懊惱、非常的懊惱……。

無論如何他都想拾回從前的生活，老婆已不可靠，老朋友不願幫忙，想來想去唯有自己想辦法。

朋友叫我自求多福，連老婆都叫我自求多福，像我這種個性的人，如何才能自求多福？

朱士賢經過了多日的沉思，終於提起勇氣，找出電話簿，撥了個電話給陳靜仁……。

自求多福　36

主婚人

范大宗在回國之前就已經計劃好，這次回去，一定要使父母復合。雖然明知道這件事做起來很棘手，但他一定要盡全力去做，一定要讓它成功；否則，他多年的努力成就沒有意義。他心中擔心的事情無法解決。他瞭解母親的脾氣，他這次算得上是衣錦榮歸，母親一定很高興，所以，他要掌握機會……。

在台北的石冰怡，人逢喜事精神爽，雖然傷風感冒咳嗽了一個多月仍未痊癒，加上霪雨不停。但她的心境完全不受影響，她決定親自開車去機場接兒子，在她心目中，兒子是新科狀元，剛剛拿到博士學位不久，就得到一張很理想的聘書。兒子果然如她心意成為歸國學人，這是她夢寐以求的榮耀。唯一令她有點不高興的，就是未徵求她同意，就帶著未婚妻回來。不過，他未婚妻的家世很好，自己也是碩士，家也住台北，父親是醫生，家裏還開個醫院，有這麼多優越的條件，所以，她心裏雖然有點嘀咕，卻也不以為忤了。

石冰怡手握方向盤在高速公路上輕快的向機場駛去，快五十才考到駕駛執照的她，駕車最能滿足她的成就感。天雨路滑，卻完全沒有影響她愉快的心境，是兒子的成就何嘗不是她的成就？如果當初她不用壯士斷腕的決心行動，兒子能有好環境安心讀書嗎？想到這裏，她得意的捏捏方向盤，這部車子也是她掙錢買的，兒子雖然有成就，但在經濟上，仍無法供給她這種享受。更不是那個他——忽然，腦海裏閃過一個影子，長久以來，這個影子已經不存在了，怎麼忽然又飄過他模糊的影像來？她把頭微微一昂，盡量不讓自己思想混亂⋯⋯。

一輛似曾相識的七八年份的老爺車在她車旁擦過，她瞄一眼，嘴角牽起一絲笑意。落伍嘍！要這部才有份量，這部全自動排擋的開起來才夠意思……。轉眼功夫，她又開心起來。輕踏油門，車子輕快的向前滑去，她故意超越那輛老爺車，那輛她曾經擁有；曾給過她快樂，現在已被她所鄙視的老爺車。

自從兒子回來後，石冰怡的生活更加多采多姿了，一連串的交際應酬，讓她享足做母親的驕傲。跟著而來的是到準媳婦家拜訪，正式再去提親一次。

范大宗心有成竹，很圓滑的安排一切，石冰怡也體諒兒子的苦心，接納兒子的請求，承認丈夫在金門工作不能回來，絕口不提夫妻決裂的事。直到兩家談到結婚的細節時，嚴重的問題出現了，石冰怡萬萬沒有料到會發生這種她認為完全不合情理的事情，那天，她非常憤恨，把桌子用力一拍：

「憑什麼要他當主婚人？這些年來，他養過你嗎？你在國外讀書用過他的錢嗎？憑什麼我辛辛苦苦賺錢養你，今天你學成回國結婚，他卻來當個現成的主婚人……？」

范大宗知道母親的脾氣，他曾為父母的失和痛苦過，他用過很多方法都無法挽回父母的分離。已經十年了，父母一南一北，各不過問。所以，他曾下過決心，如果能出去，絕不再回來。如果不是為了方安娜，他可能真的不回來。母親成見太深，無可商量，只有用方法。他看準母親的弱點，母親要的是面子。母親對他私行訂婚的態度就是很好的證明，母親因為有面子，才沒有真生他的氣。他知道只要有面子，也許可以挽回一切。他的未婚妻方安娜很瞭解他的家庭狀況。方安娜對母親的態度也是先斬後奏，免得多費唇舌。兩個相愛的年輕人，都有自己的煩惱，好在煩惱是可以想辦法解決的。現在的范大宗，已經不像以前那麼怕母親了，下意識裏，他認為他已拿到博士學位，已回饋了母親，已經不再虧欠母親了。所以，他沒有因母親的激動而震驚，反而輕鬆的笑著說：

「媽，我知道你會生氣，我也不想惹你生氣，可是她家裏堅持絕對不能公證結婚，一定要舉行隆重的婚禮，一定要雙方父母出名發喜帖。所以，不和爸爸商量，不徵求爸爸同意也不行了……。」

兒子口口聲聲叫爸爸，她甚為刺耳，心中更生氣，再次把桌子一拍，幾乎把玉鐲拍碎：

「和他商量？徵求他同意？哼，他有什麼資格說話？連老婆兒子都養不起的人，商量什麼？當初他堅持要你考軍校，還不是怕負責龐大的教育費用？我叫他退下來改上商船，他偏不肯，說什麼人各有志，兒孫自有兒孫福。我跟他苦了十幾年，他一點都不為我們的幸福著想，如果不是我自求多福，自力更生，還不是死路一條？你今天會有這麼好的成就？這麼好的環境？他沒有為你盡過半點心力，憑什麼應讓他撿個現成的主婚人……？」

范大宗明知道母親說的不是事實，父親是軍人，要他考軍校也沒什麼不對，一家三口，父親的薪水養家絕沒問題，是母親的理想要求太高，從小就要求他與眾不同，害他從小就吃過不少苦頭。十年來，母親棄家不顧讓父親一個人寂寞的生活著，沒理由還要懷恨這麼深？他為父親不平，卻又不敢反抗母親，他瞭解母親脾氣，弄僵了會走極端的。再說，母親為他也的確吃過不少苦頭，所以，他一直順著母親的思想去做，從不曾讓她失望過。可是現在，順從已經不能解決問題，必須要切實際才行。他低頭在想著對策。

石冰怡看兒子不吭氣，知道自己有點過火，忽然想到折束的辦法：

「……不必去找他你只管把他名字印上去，反正他不會知道，難道他還好意思來參加你的婚禮不成？」

母親專權武斷，范大宗無可奈何的搖搖頭，他非常小心謹慎的對母親說：

「我知道你不會讓我去找爸爸，可是我不知道該怎麼辦才好，上次你去提親的時候爸爸沒去，她媽媽已經有點不高興，說父母應該重視子女的婚事。所以，你說光要爸爸出名，不准爸爸參加，那我怎麼向她家交代？總不能說做父親的忙到連獨生子的婚禮都不能參加吧……？」

「……你就說他是軍人，走不開，這也沒什麼說不過去……。」

「……我已經暗示過了，我說也許我爸爸趕不回來參加婚禮，她媽媽馬上生氣的說，那就等你爸爸有空的時候你們再結婚好了！所以……。」

事情到了這個地步，石冰怡也無計可施了，她和丈夫分居十年，十年來井水不犯河水，各人過各人的生活，互不過問，互不干涉，雖然丈夫不同意離婚，兩人卻已斷絕了夫妻關係，沒想到在這個節骨眼裏，卻還要和他扯上關係。想到他那個馬虎模樣，西裝都不願多做一套，腳上穿的永遠是軍用皮鞋，理個平頭，還以為自己有多瀟洒，明明是一付寒酸相還自命清高……。她越想越氣，一切不愉快的陳年舊事都湧了上來……。

自認一生無難事的石冰怡，居然也碰到棘手問題，而且註定沒有解決的辦法。氣得她的胃又痛起來。原本是一件錦上添花的大喜事，卻偏偏來個煞風景，事與願違，奈何？當兒子決定一定要去找他的時候，恨得她咬牙切齒的丟下幾句話：

「警告他，叫他那天穿整齊點，莫讓我丟人現眼，你一定要讓他知道你結婚的場面……。」

南部的天氣幾乎常年都是熱天。住在左營的范之行午睡醒來，又去洗了個澡，精神清爽多了。他已養成一天洗兩三次澡的習慣，反正閒著也是閒著，把洗澡當作一種運動，洗完澡順手把內衣褲洗一洗，也好多點工作做做。退休在家，有的是時間，慢慢消磨，日子倒也蠻輕鬆的。在家裏，他可以整天穿著汗衫睡褲，大熱天不必繫皮帶穿皮鞋，也是一種解脫。

他悠閒的在院子裏散步，在等晚報。一個人住間獨門獨院的房子，白天還好，晚上就有點空洞，好在，他已經習慣了……。

門鈴驟響，以為是鄰居老友來下棋，怎麼也想不到會是兒子，兒子穿著西裝，滿頭大汗，手裏還挽了件毛衣，他愕然一驚，愣了一會才把兒子讓進屋裏。

「哇，沒想到這裏會這麼熱，早上我來的時候台北還下著雨，冷得很呢……。」

在這裏出生，在這裏讀到高中快畢業才離去的兒子，居然已對這裏的氣候感到陌生，范之行忽然傷感起來，可能也是兒子突然出現太興奮的緣故吧！他知道兒子拿到博士學位，也知道兒子最近回國來，兒子曾打過電話給他，卻沒有說要來看他，兒子一向冷淡冷漠，他早已習慣了，兒子忙嘛，他安慰自己，能打個電話來說一聲，他已經感到十分滿足了。

范大宗去寬衣洗臉，范之行去煮水沏茶，父子倆對坐著喝茶聊天，十分難得。

無事不登三寶殿，范之行看出兒子必有事而來，兒子神色愉快，不會是壞事情，他安了心，他先沉住氣，不去問兒子，讓兒子自己說出來。

范大宗看見父親的精神很好，比以前胖了很多，看起來反而年輕了，心裏很受用。他忽然非常關懷父親的生活，問了很多生活狀況，范之行心裏很感動，兒子勸他最好與母親復合，他仍然沒有頭緒，後來兒子才說出他擔心結婚後母親會在國外住不慣，這下范之行明白了，原來是擔心他母親會跟他到國外同住，才作這種安排。還未娶老婆就先安置母親，也算有心人，范之行凝視著這個學成回來的兒子，心中正在嘆氣，及至聽到兒子已經決定要結婚，而且這次為的是要請他去做主婚人時，他才震驚起來，訝然的瞪著兒子，聲調一下提高：

「什麼？找我做主婚人？那你媽媽呢？她怎麼說？」

范大宗看父親緊張的神態，心裏也戚然起來：

「當然她也是主婚人，你們倆人都要出名……。」

「……她同意嗎？這可不是開玩笑，她的脾氣，會……。」

「爸放心，如果不是媽媽的意思，我也不敢來，那邊一切都安排好了，那天爸爸只要……。」

范之行無法相信會有這種事，事情來得太突然，他有點不知所措，匆匆跑進廁所裏小個便，平靜一下情緒，才又回到客廳裏，又去泡一壺茶，父子倆這才開始正式討論這件事情，他問了很多他應該知道卻不知道的瑣事。最後，他總算弄明白兒子來的真正目的，他恍然長嘆一聲，帶點歉意對兒子說：

「既然你母親都同意我去參加你的婚禮，我當然會去的。至於接你母親回來，這事沒你想的那麼天真簡單，冰凍已久，隔閡已深，不是幾句話就可以解釋清楚的，這件事，現在先不去談它，還是你結婚的事要緊，這些年，你母親一直不屑用我的錢。所以，我積蓄了一點，錢不多，就給你結婚用好了，也算我這個做父親的一點心意，你坐一會，我這就去提錢，就在轉彎郵局裏……。」

范大宗霍然站起來擋著父親，態度倒是很誠懇：

「爸爸，用不著，我結婚媽媽什麼都準備好了，真的用不著，倒是媽媽她，媽媽她……。」

兒子說話吞吞吐吐，范之行一驚，緊張的問：

「你媽媽怎麼了？」

「媽媽她，她擔心的是……她說要你那天穿整齊點，別讓她丟臉就好。」

范之行聽兒子把話說完，心裏一沉，佛然的笑了笑，不再說話。

兒子要趕回台北，他也沒有堅留，他答應完全照兒子的安排去做就是了。

送走了兒子，范之行的情緒再也無法平靜下來。

兒子要結婚了，原本是一件大喜事，應該非常興奮才對，可是現在，因為思緒太亂，他反而是感觸多於喜悅。太太是能幹的，由早年跑香港日本帶貨到做股票買賣房地產，她都做得有聲有色，難怪她會趾高氣揚，目空一切。可是，又有什麼用呢？如果她剛才聽到兒子說話對她的態度，準會吐血。一個可以為兒子鞠躬盡瘁的母親，倒頭來卻被兒子拒於門外。悲哀悲哀……。突然間，他竟然對太太同情起來。

妻離子散，年老退休，原以為今生就此了了，沒想到還有機會當主婚人，還有機會……？他忽然打了個寒噤，太太盛氣凌人，不可理喻的兇悍勁，又出現在眼前。剛剛升起的一絲暖意遽然又消失了。

寡情，難道也有遺傳？

十年前，太太一怒而去，從此斷了夫妻情義。

十年後的現在，她的兒子也將對她絕情離去……。

難道世間事真有報應？

那晚，他失眠了！

第二天，他到郵局提了五萬元出來置行頭。

他有了結論，她要的是面子，就給她足夠的面子。

大喜的日子到了，范之行搭早車，中午就到了台北。兒子為他訂好旅館，照兒子的安排，他要到結婚典禮開始時才出現。

當天下午，五點已過他才開始打扮，穿上兩萬餘元一套的西裝，四千餘元一雙的皮鞋、襯衫、領帶，全是舶來品，外加一付九千元的眼鏡。他破天荒買這麼昂貴的東西，完全是對太太報復，他要給太太來一個刮目相看。

對著鏡子，他幾乎認不出自己來。俗語說，人要衣裝佛要金裝，一點都不錯，自己居然也感覺得神氣起來。他摸摸肚子，什麼時候發福的？怎麼自己一點都不覺得？大概是退休後多吃少動的後果。等會太太看到他不知道會有什麼想法？想到太太，那雙凜然的目光又向他射來，心頭一怔，等會要小心點……。

單槍匹馬的范之行悠然的來到會場，這家酒店果然夠氣派。芝麻為他開了門，他昂首踱了進去，沒有人認識他，他四處瞄了一下，有人請他去簽名付款，他猶豫了一會，拿起筆龍飛鳳舞的寫了個不希望人家看得懂的名字，字太大，把服務台的小姐看傻了眼。就在這個時候，一位佩著招待的年輕人向他微微一鞠躬，笑著說：

「范伯伯，您好！我是范大宗的同學趙光仁，他叫我今天負責照顧范伯伯，請范伯伯先佩上這個。」

說著，把主婚人的紅條和一朵大紅襟花給他佩上。

范之行一陣緊張，已經進入狀況了，要沉得住氣，他提醒自己。

客人已來了很多，濟濟一堂，個個衣冠楚楚，珠光寶氣，范之行把胸一挺，鬆了口氣，幸好把心一橫，否則……。

趙光仁領他到貴賓室，他頭一次和親家見面，他知道親家是醫生，醫生在社會上受人尊敬。他忙上前握手，一面抱歉自己太失禮，沒有先去拜訪。他跟親家翁打著哈哈，眼睛卻瞥向另一位似熟識又陌生的主婚人，眼光接觸，心裏一懍，十年不見，果然雍容華貴了。他向她點點頭，微微一笑，那一瞬間，他看出她神色非常不安，像觸電似的僵在那裏。他眼光不敢多停留，繼續和其他客人打招呼，管他認識不認識，一視同仁，逢人握手，見人說謝謝，偶爾遇到認識的朋友，則侃侃而談，朗朗大笑，他故意把笑聲傳給那個既自負又勢利的她。

婚禮開始了，司儀高唱主婚人入席，范之行嚴肅的向台上走去，眼光第二次與太太接觸，他再次向她點點頭，微微一笑。太太就站在身旁，而且靠得很近，他真想知道太太現在心裏的感受，可惜，他無法知道——

石冰怡心中的事他當然無法知道。自從決定丈夫一定要參加婚禮，她整個人都變了，對兒子的熱度降低，對事情的處理也沒有以前積極，她憤恨、失望、傷心、擔憂、害怕，她認為她的一切努力都完了，她擔心兒子的婚禮會毀了她一切……。

盡管她處處擔憂，她卻又刻意把自己打扮得像個貴婦人。這天，她穿了件長可及地的棗紅絲絨旗袍、貂皮披肩、胸前一個大玉珮。一串真珠項鍊、手鐲、鑽戒。這些，都不是他買得起的，她戴出來，存心氣他，給他點顏色看看。

她很早就到了會場，她要坐鎮指揮一切，客人開始來了，她開始不安起來，客人來得越多她越不安定，看見貴賓們西裝革履，她的心卜卜亂跳，那個傢伙還未出現，不知道他今天會是個什麼模樣？越擔心越緊張、越焦慮，她不敢再存報復的念頭了，一心懇求上帝幫忙，千萬別讓她出洋相，別讓她難堪才好。

她憂心如焚神不守舍的在貴賓裏招呼客人，眼前卻在搜索著。忽然，一陣熟識的聲音來自親家身旁，客人有點面善，定睛一看，原來是他，她驚訝得幾乎昏倒，怎麼會是他？明明是電視上懂事長型的人物嘛，怎會是他？他變了，兒子為什麼不告訴她？她忽然有被捉弄的感覺，如果兒子在身旁，她會給他一巴掌，他不應該欺騙她的……。

看見丈夫趾高氣揚神氣十足的得意勁，石冰怡心裏一下又憤恨起來，憑什麼給他撿個便宜？憑什麼他在這裏神氣？憑什麼？憑什麼？忽然；她又想起剛剛才向上帝請求過，上帝不但未讓她難堪，還給她足夠的好看。

這麼一個夠體面，夠氣度，有份量的男人，今天是她的丈夫。似乎，以前，她從沒這麼富有過……。她忽然迷惑起來，迷惑得有點飄飄然……。當范之行向她點點頭微微一笑的剎那，她竟然緊張得心房卜卜亂跳，不知如何是好？好在，紊亂的思緒很快就被客人打斷。今天只要有面子就好，她長長的舒了口氣。

婚禮在莊嚴中結束，喜筵隨即開始，四、五十桌的場面，夠熱鬧的。證婚人是新娘讀大學時的校長，也是她父親的老朋友，一頭花白頭髮，很健談，也很善飲，所有來敬酒的通通乾杯。女家搶盡風頭，看在范之行眼裏，很感遺憾，如果今天可以請自己的朋友，怕不也有二三十桌？連很多知己老朋友都不知道他今天娶媳婦、做主婚人，更是遺憾中的遺憾。

石冰怡有意避開丈夫，始終不和他說話。范之行不以為意，每上一道菜，他就夾一點在她碟子裏，等她敬酒回來，他馬上站起來幫她挪挪椅子，聲音小小的說：

「吃一點，趁熱吃一點，否則你會胃痛的。」

胃痛？石冰怡一怔，他還記得我胃痛？如果以前你是這個樣子，我也不會胃痛了……。她默默的望著面前的菜，猶豫了一會，把那碗魚翅羹吃了，其他的菜，她都吃一點。

范之行眼睛一亮，心花怒放，忽然主動的找那位風趣的證婚人挑戰。親家翁也跟著起鬨，場面熱鬧起來。

有一瓶高粱底子的范之行，喝紹興直如喝啤酒，把親家喝得十分投緣。有道是：三杯通大道，酒逢知己千杯少。笑鬧間，大家都有了醉意，但見親家翁眯著眼，舉起杯子：

「……不愧是軍人本色，爽快，爽快，來，再乾一杯，你什麼時候回金門？我們再找個機會聚聚，再好好的喝個痛快……。」

范之行的醉意何止是酒？只是借酒壯膽而已，機會難得，他酒脫的指指身旁的太太，揚聲的笑著說：

「那要問過她，要她批准才行。」

一桌的人都笑了起來，當著兒子的面，石冰怡現在才感覺到什麼叫難堪。

送客的時間到了，范之行大膽的挽著石冰怡走向大門，當客人走得差不多的時候，他忽然小聲的問她：

「要我送你回家嗎？」

石冰怡心思澎湃，混身不自在。今晚，完全不是她想像中身為主婚人的架勢，她的光芒完全被丈夫搶去了，她感到更加迷惑。冷冷的說：

「不必了，我自己有車。」

這是他們今晚第一次對話，范之行感到身在雲端中，欣慰得難以形容。感到更欣慰的是那個一直默默注意父母的新郎，他興奮的捏捏新娘子的手，告訴她，他精心設計的安排成功了，父母復合在望。

「你今晚喝了酒，我來開好了。」

若依石冰怡來時的脾氣，她必然頂回去：「你來開？這又不是吉甫車，除了吉甫車，你懂什麼？你知道我這部是什麼車嗎？」現在，她不但沒有說，連想都沒有想，只微微的搖搖頭，幽幽的說：

「不必，我可以開回去，倒是你自己，喝得太多了，等會叫大宗找人送你回去……。」

不速之客

人無遠慮，必有近憂。

在幸福中生活了二十年的周大德，忽然有了煩惱，這煩惱很可能會影響到他以後的安寧生活，所以，他憂心忡忡，焦慮不已……。

這天，吃完晚飯，家裏只有太太一個人的時候，周大德終於鼓足勇氣對太太說：

「玉書，有件事我想和你商量一下……。」

話未說完，周太太面色驟變，驀然的瞪著丈夫：

「什麼事？」

看見太太緊張，很過意不去，周大德赧然的降低聲音：

「我在香港有位遠房表叔，最近要來台灣，我想請他回家住幾天，可以嗎？」

周太太長長的噓口氣，如釋重負的笑起來：

「嘔！我道是什麼事情？你這幾天心事重重，魂不守舍，吃飯也打不起精神，就是為這件事情？」

周大德一怔，原來心事太太已經知道了？知道也好，反正遲早她都會知道的。他點點頭：

「是的，就是這件事，我考慮了很久，我不知道該不該請他回家，我擔心……。」

周太太莞爾一笑：

「你擔心會影響文俊讀書是吧？放心，他每天補習回來都十點多鐘了，什麼事也礙不了他的。我道是什麼天塌下來的事情，問你幾次都說沒事，我還以為是你公事上出了什麼大差錯，害我緊張了好幾天，原來是這件小事情？也值得你神魂顛倒？既然是香港來的親戚，請回家裏住幾天也是理所當然的事，考慮什麼呢？」

謎底揭開，周太太心情霎時開朗起來，她不再理會丈夫的心情變化，只顧匆匆的收拾家務，她必須在八點連續劇來之前把事情做好。

周大德的眼睛跟著太太出出進進，他的話還沒有説完，太太卻不追究了，他不知道怎麼樣才能把話説清楚？他在心底裏嘆口氣，不説也罷，反正現在還不知道這件事的結局如何？能考慮還是再考慮一下好……。

這幾天，周大德已經有點後悔。如果當時狠心點拒絕了他的來訪，現在也許不會有這種煩惱。可是，他怎麼忍心拒絕他呢？也太不近人情，做人怎麼這麼寡情寡義？他愧然的又瞥太太一眼，她是好人，好人不會有事的，他安慰自己。不管如何？問題已經發生了，走一步算一步，但願皇天幫忙，吉人天相……。

賣廣告的時候，周太太忽然問丈夫：

「你表叔什麼時候來？」

「明天。」

「明天？你發什麼神經。你真沉得住氣，現在才說出來，我們什麼都未準備？怎麼歡迎你這位香港來的遠客。」

「其實也不必準備什麼？文俊房間讓給表叔住，你跟小彥小彩睡文俊跟我睡，不就可以了嗎？重要的是弄幾道好菜招待他老人家。」

「做菜倒簡單……。」

「不簡單，就是這個麻煩，我這幾天就是想這件事……。」

周太太又迷糊了，丈夫一向誇她菜做得好，怎麼今天忽然說這種話？

她愕然的皺起眉頭：

「你說不簡單是什麼意思？難道我的菜見不得人……？」

「不是不是，你千萬別誤會，我意思是，我這位表叔幾十年未見，我想弄幾道家鄉口味請他，讓他回味一下而已，所以，明天的菜一定讓我來……。」

「你想做什麼菜？」

「也不過是釀豆腐、梅干菜扣豬肉、煲牛腩之類，適宜老人家吃的東西。」

周太太瞧看丈夫那付神秘樣子，不禁訕笑起來：

「哎呀，這些家常便飯菜還勞你動手？我閉上眼睛都做得出來，這些菜招待遠來的客人不太寒酸嗎？我看還是由我弄，保證比你做出來的大方精采些……。」

「不行不行，平常請客可以任你安排，對這位表叔不可以，一定要我親自弄才放心。做菜講訣竅，同是一道菜，配料火候都是學問哪……。」

周大德忽然滔滔不絕大談做菜之道，聽得周太太更莫名其妙。

其實周大德對做菜也是一知半解，平常根本沒有做過，只是在同鄉家裏吃過幾次，知道一點皮毛而已。他之所以會如此認真，無非想沖淡自己緊張的情緒，也希望明天這位「表叔」會像他一樣，把話題放在吃上頭，大家見面不至於尷尬，則阿彌陀佛矣！為了擋過這場不速的風暴，他天天絞腦汁，動心機，卻始終想不出一個好辦法。做菜是他唯一的希望，想藉此轉移大家的注意力而已……。他歉然的望著電視前看得入神的太太，卻無法把心事告訴她。這件事本來與她毫不相干，如果沒有必要，他不想讓太太分擔他的苦惱。

第二天，周太太一早照丈夫的吩咐把菜買回來，周大德馬上開始工作。周太太看著丈夫手忙腳亂，煞有介事的忙碌著，心中暗自好笑，結婚二十年來頭一遭呢！這位遠方來客不知道是何方神聖，會讓丈夫如此起勁？想到這裏，她原先不在意的心態也慎重起來。匆匆把房間又收拾一遍。

周大德把一切安排就緒，吩咐太太千萬注意火候。臨出門時竟然深情的望太太一眼，千言萬語都不說了，匆匆趕到機場去。

班機準時到達中正機場，周大德夾在接機的人群裏。他手裏捏著張相片，相片裏一位瘦削的老人。他不時低下頭看一眼，生怕認不出人群裏的他。闊別三十多年，如果沒有這張最近的相片，一定無法辨認了。

焦急與不耐沖淡了周大德緊張複雜的情緒。旅客終於出來了，接機的人潮一下騷動起來，他在一些舉目向四周張望的人群裏，果然看見一位瘦削的老人，周大德情緒一下激動起來，呼吸加速、心跳加劇，撥開身旁的人牆，直衝老人面前，四目相接，只是微微一笑，儘管兩個大男人心底裏已波濤洶湧，表面上仍然萬里無風。老人目光炯然的盯著周大德幾秒鐘，才不斷點頭微笑，周大德慌忙接過老人兩手提著的東西，聲音生硬的說：

「阿爸，坐飛機累吧？」

「不累，一下就到了。」

周大德情緒激動，思緒澎湃，一時竟然找不出第二句話來說，他偷偷的盯著老人看，想尋找些什麼，只是老人的模樣已太陌生，無法跟往事聯在一起。

「您的氣色很好，只是瘦了點，如果不是有這張相片，我恐怕會認不出來了。」

老人生澀的哈哈一笑：

「瘦點好，可以任意吃東西。你家離這裏遠嗎？」

「坐計程車一個鐘頭左右。」

「那也夠遠了，坐巴士吧，不必花費太多。」

一陣暖流直衝心頭，周大德順著老人意思坐上巴士。

「家裏人都好嗎？到你家方不方便？」

周大德一怔，怯怯的說：

「方便方便，都準備好了，只是……只是我還……。」

「沒關係，你說吧，我知道你有苦衷，說清楚再回去比較好，我不想你為難。」

周大德感激的望著老人，愧然的說：

「我對玉書說你是我表叔，我沒有……。」

老人淡淡一笑，拍拍他的手背：

「很好，這樣介紹夠了，謝謝你。」

兩人又沉默起來，各有各的心事。

巴士在高速公路飛馳，老人眼睛一直望著窗外，不像是欣賞風景，似有所思，忽然問大德：

「你今年幾歲了？」

「五十八。」

「哦，真快，玉書呢？」

「她也五十了。」

老人又沉默起來。周大德頓感惶恐，不知老人問他的用意何在……？自從在同鄉處有了老人的消息，十幾年來，他們都保持著淡淡的通訊，所以，該知道的，都知道了，天劫奈若何？一切都過去了，難道還會有什麼枝節不成？定了一會神，他才訕訕的靠向老人：

「阿爸，我做了幾樣家鄉菜孝敬您，不知道做得好不好？」

「哦？你也會做菜嗎？如果有你母親遺傳的手藝，一定會很好。」

一聽見提起親人，周大德怦然一驚，往事那堪回首？想不到過去的仍未過去，要來的已經來了，是福不是禍，是禍躲不過。事情終歸要解決的，現在先莫亂了方寸，要冷靜應付，他提醒自己。

車到台北換了計程車直駛家門。玉書應鈴而出，不勞周大德介紹，她已親熱的招呼來客：

「表叔，您好，請裏邊坐？您坐飛機累不累呀？」

「還好，不怎麼累，唔？好香，是煲牛腩吧？」

周大德眉毛一揚，得意的笑起來，這下果然做對了，正想滔滔的展開話題，玉書卻搶先說了：

「是呀，大德不讓我去機場接您，就是為了這鍋牛腩，他說要用明火煲，不能先煲好吃的時候再加熱，要算好時間煲好就上桌，我還沒聽過牛腩是這樣煲出來的呢！」

周太太笑吟吟，樂陶陶，把東西拿到兒子房間，拿拖鞋、遞毛巾，然後端上一杯茶，也給丈夫送上一杯：

「表叔，您睡的房間我已準備好了，要不要先休息一下？對了，您大概餓了吧？我去弄些……。」

「不餓不餓，飛機上剛吃過，我來打擾你們，給你們添麻煩了。」

「那兒話嘛，表叔這麼說就太見外了，大德在台灣難得有個親戚，他知道您要來好興奮哦！只要您不嫌棄，儘管住，您就把它當自己家好了。」

把它當自己的家？周大德與老人的心頭同時一怔，能嗎？可以嗎？兩人心照不宣的苦笑笑。

一見如故，賓至如歸，氣氛很快的融洽起來。

晚飯時分，三個孩子都回來了，個個彬彬有禮，親熱的叫表叔公。周大德的心緒又不安起來，吩咐馬上開飯。

「唔，釀豆腐不錯，肥、燒、鹹，都夠了，你有摻海烏條，所以……。」

「台灣沒有海烏條賣，我放的是糟白……。」

孩子瞪著眼問：

「什麼海烏條呀？我聽不懂。」

「海烏條就是本省人叫的九母酥，廣州人叫九棍，也叫霉香，我們客家人叫海烏條，是鹹魚，釀豆腐的餡裏摻點鹹魚，味道特別好，因為買不到，我才用糟白鹹魚……。」

「唔，牛腩火候正好，你加了陳皮才有這種特殊香味。」

「可惜找不到家鄉釀，否則味道會更好。您的牙齒還好嗎？如果可以，我明天炒點豬大腸給您嚐嚐。」

「吃炒豬腸還可以，不過一定要放鹹桔，還要……。」

「哎呀，你們叔侄幾十年不見，見面就談吃，為什麼不談談久別後的往事，敘敘離情呀？」

周太太笑嘻嘻的打斷他們的談話。周大德又是一怔，我們除了談吃，還能談什麼呢？他的心底裏長嘆一聲……。

老人瞥大德一眼，感觸萬分，故作輕鬆的笑起來：

「幾十年不見，見面還能談吃，這表示我們還未老呀！」

這是老人到台灣來的第一頓飯，氣氛相當愉快。孩子們匆匆的吃完即離去，讀大二的女兒文彥要當家教，讀高三的老二文俊和初三的么女文采都要補習，平常沒有天天回家吃晚飯，今天是奉父母的囑咐回來見見表叔公。孩子有教養，老人心裏有種異樣的安慰。

話題轉到孩子的讀書上，由台灣的聯考到香港的會考，再轉到香港的大限問題，玉書聽得興趣盎然，也談得津津有味，她還說等大女兒畢業後想到香港玩玩。最後，她還懇切的對老人家說：

「……您一個人在香港，如果香港有問題，您來台灣好了，我們這裏住得下的，您是大德唯一的親戚，希望您別見外就好……。」

周大德茫然的望著太太，感激得幾乎五體投地。老人也愴然心酸，不斷的點頭表示謝意。暗自慶慰大德有福氣，娶到這麼一位賢淑的好太太。

第二天中午，周大德夫婦應李聞老的邀請，陪老人到他家作客。李聞老是周大德的老長官、老同鄉，也是他結婚時的主婚人。在台灣算是他僅有的長輩。十幾年來，周大德透過聞老的關係和老人保持聯繫，這次也是他的幫忙老人才能成行。原本李聞老安排老人住在他家，比較方便，是周大德認為不妥，考慮再三還是接回家去。

周太太在李家算得上是常客，她已把李老夫婦視為長輩，每逢年節必來走動。李聞老子女眾多，散居世界各地，家裏只有老夫婦倆人，李聞老不良於行，已很少出門。老太太倒十分健康，七十八歲了，買菜下廚動作還十分俐落，一點不顯老態。這天客人到時，她的菜已全部做好了。周太太幫忙擺桌子，大家邊吃邊談，闊別幾十年，見面時免不了唏噓一番。礙著周太太的面，説話都很拘謹，話題仍然在做菜上。老太太不斷為大家夾菜，嘴裏不停的説：

「吃呀吃呀，菜是為你們做的，要通通吃完才能走。振東老弟，我這個做老嫂子的聽説你要來，高興得整晚睡不著，幾十年囉，還能見面，不容易呀，如果東嫂……。」

老太太忽然停住了，自己也覺得好笑，瞥大家一眼：

「……我是説我一大早買了個蹄膀，燉到現在才熄火，我怕你咬不動，我們的牙齒全掉光了，你的呢？你還有幾隻真牙呀？」

老人苦笑笑，嘆了口氣：

「我的全是真的，一隻也不少。唉，這就是我命苦的原因吧？別人老了牙齒掉光了，所以也沒有苦頭吃了。我的牙齒好，想必最適宜吃苦頭，所以，我吃的苦頭比誰都多。」

一席話，道盡辛酸，周大德戚然的低下頭。

有人按門鈴，周太太去應門，傳來一陣哈哈説話的聲音，舉桌一驚，老太太更是驚慌的叫起來：

「糟糕，是姚秘書，你這個老糊塗，你請他來幹什麼！」

李聞老臉色也跟著變青：

「誰請他，我今天誰也沒請，鬼知道他是怎麼來的？」

矮矮胖胖理個平頭的姚秘書一口濃重鄉音人隨聲至：

「那麼巧，今天又碰上請客？什麼好日子？誰生日呀？」

沒人答腔，他四處瞥一眼，訝然的盯著老人：

「咦？你不是黃振東嗎？啊，原來是請香港客，稀客稀客，你什麼時候來台灣的？怎麼我們一點都不知道？」

老人不明情況，連忙伸出手熱烈的握著：

「昨天剛到，好久不見了，你沒什麼改變嘛，在路上我還可以認得你，就是胖了，大概發了不少財了吧？」

姚秘書陰沉的笑笑，不客氣的坐在周太太為他加擺的位子上，端起杯子向大家幌一幌，深深的喝一口，夾了塊豬肚在嘴裏嚼著，邊嚐邊說：

「怎麼樣？香港寓公做不下去了？想移師台灣了……？」

沒人答腔，他又吃口菜，一眼瞥見周大德木然的端坐著，他恍然大悟，又不住的點頭，眼睛盯著老人，筷子卻指著周大德：

「哦！我知道了，香港風聲緊，你來投靠女婿了，是吧？你真好福氣，你女婿這位太太既賢慧又能幹，比你那嬌生慣養離不開娘的女兒強多了……。」

真是晴天霹靂，周大德全身一震，面色一下轉成慘灰。

他迅速瞥老人一眼，老人惶然的眼神直視著他。他悚然的轉望著身旁的太太，只見李老太太已驚惶失措的握起他太太的手，嘴裏喃喃的說：

「莫聽他的，莫信他講，他一喝酒就胡言亂語……。」

李聞老也被這突來的瘟神氣得手更抖，一雙充血的眼球幾乎跳出眼眶，指著姚秘書：

「你你你，你給我閉嘴……。」

老太太一看丈夫不對勁，連忙放下周太太到架上拿了粒藥丸塞到聞老嘴裏，焦急的説：

「你莫生氣，莫生氣……。」

李聞老喝口湯，坐著喘氣，他怎麼能不生氣？一個是他同鄉好友，一個是他視之如子的舊屬，他愛他們、關懷他們，幾十年來為他們付出太多的精神與感情，眼看他們會有一個圓滿的結果，沒想到給這個瘟神破壞了，叫他怎能不生氣？

周太太的頭頂像是被擊了一下，昏沉沉中，她不相信會有這種事情？二十年的幸福婚姻生活，怎麼會發生這種事情？但是，千真萬確的，事情是發生了，怎麼辦？怎麼辦？怎麼辦……？

很快的，她鎮靜下來，看見大家驚恐尷尬的神態，心中反而不安，她忽然冷冷一笑，眼睛瞥向丈夫：

「其實，這件事我早就知道了，因為你們不説，所以我也不問，這也不是什麼不得了的大事，何必那麼神秘，那麼緊張嘛！」

這可是霹靂晴天，除了糊塗的姚秘書，誰也不相信自己的耳朵。尤其是周大德，做夢也沒有想到，在太太面前隱瞞了二十年的秘密，最近因為它而擔憂、驚懼、寢食不安，眼看著一場暴風雨已經來到面前，卻又迅速消失了。周大德驚魂甫定，感激萬分的捏緊妻子的手，不管長輩在面前，默默的望著她。他沒有笑，他無法笑，只有他心裏明白，太太愛他有多深……。

虛驚一場，李老太太馬上把愉快的氣氛抓回來，她又開始跟大家夾菜，她站起來把所有雞頭鴨腳通通往姚秘書碗裏堆，高聲的對他說：

「你把這些啃完，要啃得乾乾淨淨，啃完之前不准說話。」

大家都被逗笑起來。姚秘書還不知闖了禍，看見大家的表情，以為失言了，他帶點歉意的對老人說：

「對不住，我不是有意說你女兒，我只是直話直說，大家都是老朋友了，什麼底細不知道？如果不是她那麼嬌，你今天也許……。」

李聞老火氣已退，聽見姚秘書又開腔，趕緊制止：

「你這個人就是太好管閒事，人家的家務事，你怎麼知道得那麼清楚？」

「就是呀，你說我在香港當寓公，你上次去香港，你不是親眼看見我在一間學校當雜差嗎？」

「可是人家說你是那間學校的校董……。」

老人啞然失笑，笑得心酸，笑得淒涼……。

周太太強忍著心中的陣陣抽痛，打起精神幫老太太收拾完畢。泡了壺茶送到客廳裏，婉言的對大家說：

「小采下午會早點回來，我要回去開門，我先走，大德陪表叔在這裏多聊聊，晚上回來吃晚飯……。」

後面兩句她幾乎說不下去，匆匆拿了皮包就走。

周大德惶然的追出去，一路上，他都無法碰太太一下，回到家裏，把門關上，玉書遽然的倒在床上大哭起來，周大德不知所措的坐在床前，讓太太發洩夠了，他才用力的把太太扶起來，戚然的說：

「玉書，我知道我錯了，如果我早知道你有這麼好心雅量，我也不必自苦了十幾年。不過我可向你保證，我沒有騙你，也沒有對不起你……。」

「還說沒有，你……？」

「沒有，絕對沒有，我只是處理不當而已，你聽我把整個故事說出來你就知道了……。」

「故事？我在那麼多人面前被刺傷，你說那是故事？」

「對不起，玉書，如果剛才不是姚秘書在坐，我會跪下來謝你，我的確感激你，不過，你還是聽我把事實告訴你，表叔也是我的長官，我是他團裏的參謀，我和他女兒原本認識，局勢危急時他命我們馬上結婚把她帶走。臨時，她堅不肯走而回到她母親身旁，後來，被批鬥，她懷了身孕，受不了苦，死了，她母親也死了。表叔勞改了十幾年才逃到香港。我到台灣後寂寞的過了十幾年，李聞老證實她已去世我才和你結婚的……。」

「為什麼你身份證上沒有註明？」

「那時候那麼亂，我們匆匆結婚，誰還管這些，文件上沒有記載，也就沒有更改。表叔到了香港，我們聯絡上，聞老一定也把我的情形告訴他了，他在香港有份工作，我也不定時的寄些錢給他……。」

「為什麼不讓我知道？我最氣就是這樣，你錢那裏來的？」

「加班費、工作獎金，也寫點東西，七湊八湊……。」

「為什麼不找我要？為什麼不告訴我？我最恨這樣子……。」

「你千萬別生氣，我是想一切都是過去的事情，他也不會來台灣，多一事不如少一事，所以……唉！表叔也可憐，一個人流落香港，他沒有兒子，一個獨生女，所以，我是他唯一與他有關係的人，所以……聞老的意思，讓他來台灣看看，如果合適，最好回來定居，所以……趁香港不安，接他過來，我是打算永遠把他當成表叔，沒想到被那個多嘴的姚秘書破壞了……。」

「還說呢？所有朋友都知道了，就是我不知道，你把我當什麼人呀？夫妻嘛，本來就應該苦樂共當，你有苦衷不跟我講而找別人商量，你把我放在什麼地方？你的朋友會用什麼眼光來看我？你……？」

「對不起，真的對不起，我錯了，剛才那麼多人面前你都放過我，我感激你，我現在才知道什麼叫做天下本無事，庸人自擾之。如果當初表叔一到香港我就把實在情形告訴你，我也不會一個人憋了十幾年，像做了見不得人的壞事一樣的偷偷摸摸……。」

這場風暴終於過去了，周大德很久沒有在家裏這麼輕鬆過了，他拉太太起來，燦然的對她說：

「你剛才走的時候有點激動，他們一定很擔心，要不要先打個電話過去，讓他們安心？」

周太太想了一想，輕快的拿起電話：

「……我找表叔聽電話……我是玉書，我剛才和大德商量好，我們想以後還是叫你表叔，永遠叫你表叔，你介意嗎……？好的……大德這就去接你回來吃晚飯，再見！」

放下電話，周大德恢復二十年前的力氣，一把將太太摟在懷裏，他仍然沉浸在二十年來的幸福中……。

幾天後的一個早上，周太太訝然的在表叔房間中看到一封信：

「……我知道我現在有家了，如有需要，我會回來，目前，我還能工作，我不想太快老去？……別擔心，香港還有十幾年，如果我也能有十幾年好活的話，到時候，我再來納福！玉書，我很感激你……。表叔留字。」

周太太捧著信，茫然若有所失跌坐在沙發上。

嗟來之食

鬧鐘在石中鋼的枕頭底下滴滴滴的響起來，他霍然驚醒，伸手把它停了，躺在床上定了一會神，才輕輕的翻個身坐起來，太太在床的那一頭睡得正香甜，發出輕微的鼾聲。不知她昨晚幾時上床的？手氣可好？他微微一笑，沒有時間多想，匆忙摸黑下床，穿好衣服，躡手躡腳上洗手間，花了十幾分鐘的時間，料理停當。喝了一大杯冷開水，才輕輕的開了大門出去，順手又把門帶上。全家都在酣睡中，他一個人悄悄的溜了出來。

外面一片漆黑，他站著深深的呼吸一口如飲冰水的涼風，然後像一匹識途老馬似的，左彎右拐向前走，一邊走一邊做運動，踢腿、揮拳、扭腰，越走越覺輕快，約莫走了十分鐘，隱約看見前面有人影在動，同時也聽到車子發動的聲音，小陳的家到了。他加速腳步走過去，和小陳打個招呼，坐上他的車，一同往果菜市場去。

方老闆的貨車就停在市場附近，小陳把石中鋼送到那裏，逕自開車走了。

石中鋼掏出鎖匙，先把車發動了，再燃起一支煙，等煙抽完了，才把車開到市場，幫著方老闆把一簍簍的蔬菜抬上車，送到各個菜市場，堆在那裏，由攤販自己去取。

每天，他要跑兩三趟，視蔬菜的盛淡季而定。他必須在七點鐘以前運送完畢，然後把車開回原位，一天的工作就算完畢。說起來，也算是輕鬆的事情。

石中鋼做這份工作已經好幾個月了，起初，他對抬菜上車感到吃力，還以為會做不下去，沒想到半個月下來，年過耳順的他居然能夠勝任，而且還覺得很新鮮，他感到很意外，連他自己都不相信自己的潛力還那麼驚人。可見人的確是可以磨練的，那怕是到了暮年，仍然可以煉成鋼，現在的自己就是一例。天下沒有行不通的路，他經常這樣對自己表示嘉許。對這份看報應徵而得到的工作，他感到很滿意，也做得很起勁。不過，如果不是遇到小陳，也許情形就不會如此樂觀了——

石中鋼剛剛開始工作沒幾天，有一次在市場滑了一跤，恰好小陳經過，一把扶住，人沒有摔下去，就這麼認識了，交談之下，算是鄰居，每天還可以搭個便車。所以，每當領到薪金，他會買條煙送他，偶爾也會請他去喝兩杯，作為酬勞，皆大歡喜。

今天，和往常完全一樣。石中鋼載滿一車蔬菜往市場送。天仍未亮，青藍色的水銀燈照在黑色的柏油路上，顯出黎明前的時光格外的寧靜與安祥。街上車輛少，行人更少，他精神爽快，心境開朗，端端正正的坐在駕駛座位上，握著方向盤，眼睛看著前方，像是在執行一件神聖任務似的全神貫注著……。

忽然，一輛摩托車在前面四五公尺一個路口處闖出來，車速起碼在八十以上。石中鋼剎那驚魂，一個直覺的動作，鬆油門，踩剎車，方向盤迅速向左轉，大概他自己的速度也是快了一點，車子沒有馬上剎住，就這麼上了安全島。

一陣衝擊，一陣天旋地轉，石中鋼扒伏在方向盤上，他只感覺有氣塞在喉嚨，脖子似乎在膨脹，胸部劇痛，他想喊，喊不出聲，迷迷糊糊的不知道過了多久，聽見有人在說話：

「……我沒有撞他，你看看我的車就知道了，我們距離還很遠哩……我是下車來救他的。……我不清楚怎麼搞的？……我真的莫名其妙。……我不知道他為什麼突然衝上去的？……」

石中鋼下意識的反駁他，心裏暗罵著：

「見你的鬼，明明是你想撞過來，我閃你，才……。」一個嚴重的問題忽然閃過石中鋼的腦際？這是出車禍呀？糟糕！這怎麼得了？我怎麼能出車禍？不能不能，絕對不能，我得趕快開溜，絕對不能讓任何人知道我的情形，趕快趕快，他移動了一下身體，好痛，根本不能動……。有人摸他鼻孔，有人找他證物，有人叫他下車，他掙扎了一下，痛苦的向周圍的人瞄一眼，糟糕，警察？警察已經來了？完了！完了！心一涼，原本不聽指揮的身體，這下更覺虛軟。他閉上眼睛，像是等候命運的宣判。

有人推他一下：

「你很幸運，看來沒有受傷，可以自己下來嗎？」聽到別人說他沒有受傷，石中鋼心已安定得多「沒有事情最好，他就是怕警察會通知他的家人，那就麻煩了……。」他硬撐著想坐直身體，希望馬上能把車開走。可惜辦不到，他胸部好痛，不爭氣，太不爭氣，他很不甘願的說出來：「我胸好痛，我動不了。」

「動不了？那麼嚴重？來，我們趕快……。」

兩個人硬把他抬下來，痛得他直冒冷汗。

貨車沒有損壞，只是在剎車衝擊的時候，掉下幾簍蔬菜，同時撞斷一棵小樹而已。更幸運的沒有撞到別人，應該算是不幸中的大幸。但是石中鋼心裏很不知足，他無可奈何的請警察通知方老板，讓他來處理善後。但卻拒絕警察通知他的家人，他有太多的顧忌能夠不讓家裏的人知道最好……。

剛剛還是生龍活虎的石中鋼，握著方向盤像是握著全世界似的神氣。現在卻直挺挺的躺在醫院的病床上，任憑人家擺佈。正所謂人有旦夕禍福，誰都無法預料。剛才經過診察，初步檢查，肋骨似乎斷了兩根，醫生說只要斷了的肋骨沒有傷到肺，就比較容易治療……。他聽了連眉頭都沒有皺一下，仍然咬緊牙關，眼睛瞪著天花板出神，他精神的創傷比肉體的創傷嚴重得多……。

車沒有壞，人倒壞了。真是天大的笑話。這個車禍出得莫名其妙，太丟人。如果是給別人撞上還情有可原，現在？怎麼向方老板解釋呢？

窩囊！丟人！石中鋼咬牙切齒的暗罵著自己。同時，也擔心著家人的出現。家中沒有一個人知道他幹這份工作，如果現在知道了？不知道會掀起什麼樣的波瀾？特別是太太，他是不怕她，就是不能讓她知道……。他忽然笑了一下，對自己這種近乎神秘又帶點刺激的生活很感得意。這種樂趣一個人獨享可以，大家都知道就無趣可言了。如果不出這個車禍？現在該是睡回籠覺的時候了吧？他把眼睛閉上，臉上綻出一絲笑意——每天早上，工作完畢把車停回原位，搭一段公車，再走幾分鐘路就可以回到家裏。八點以前可以到家，神不知，鬼不覺，家人都以為他晨間運動回來。他洗個澡，悠閒的吃早餐；看報紙，然後回房去睡一覺。經常，太太起來看見他還在睡，還會推他一把，催他起來。笑他懶鬼。午飯後他即出去找朋友，多半是去摸八圈，有時也去坐坐咖啡館，或是約朋友去茶樓飲茶聊天，遇自己有喜歡的展覽，也會約有同好的朋友去參觀欣賞。總之，悠閒的朋友多，消遣的地方更多，只要袋裏有錢，就可以隨心所欲。

說起來，他倒不必再靠勞力去換取現在的享受，莫說兒子的事業做得很有成就，家裏汽車洋房，十足個大户人家。他自己就有一份豐厚的退休俸，足夠他這種正常的開銷，只是結婚幾十年來，他已養成習慣，錢都歸太太管理。也由太太全權支配使用，他從不過問。他既不會用錢，也不需要用錢。沒想到現在退休了，老了，才想要點錢花花，就因為要錢花，才會出問題。他太太倒不是厲害刻薄的人，但是問太太要錢花，總得說出個理由，要說出理由才能花錢，他感到好彆扭。而且，退休後有的是時間，有時間就想找消遣，找消遣就得花錢。有所謂大丈夫不可一日無權，小丈夫不可一日無錢，他現在才體會出個中道理。也就是這個緣故，他才想到找工作……。

找工作，不是一件簡單的事，像他這種做過中級主管的退休人員，高的輪不到，低的又很難去適應。在這之前，他也曾嘗試過兩三次私人機構的工作，如警衛之類的，雖然都是瞞著家人去嘗試，卻都因無法適應自己的個性而做不下去。所以，現在這份工作對他來說，看似有點委屈，但他自己卻認為是再理想不過。如果不是這次車禍，他自信會一直做下去……。可惜發生這次車禍，一切都完了……。就算方老板不計較，家裏的人知道了也不反對，自己的肋骨斷了兩根，能復原也難再做這份工作了。歲月不饒人，自己還以為是百煉成鋼的銅身鐵骨，沒想到這麼輕輕一撞，竟然會撞出大痲煩。老了就是老了，要逞強也沒有機會了。

這麼不容易找到的工作，就這麼輕易的失去，太不值得。看來這種充滿朝氣，還帶點神秘的生活方法，又要有所改變，今生今世，再難有這種幹勁了。人連幹勁都沒有？還談什麼？倒不如剛才撞得嚴重點，現在也不會有這些煩惱……。生命實在沒有什麼大價值……他越想越消極一時萬念俱灰，暗自唏噓起來……。

急診室裏太嘈雜，石中鋼的心緒更複雜。警察走了，醫生走了，主要是他的傷不重，可以等待——。他就這麼直挺挺的等待著，孤單、焦急、憂慮。受不了，受不了，他在心底嘶喊著……。激動中，聽到有熟識的聲音，感覺有人站在身旁，睜開眼睛，果然是太太和兒媳，無法避免的事終於來了。看到太太驚惶憂愁的面容，和那雙滿是疑問的眼神，他感到有點尷尬，心裏莫名其妙的酸楚起來。但他仍然裝著若無其事的咧嘴一笑：

「你們的消息真靈通，這麼快就趕來了？」

石太太看見丈夫還能輕鬆的説話，心已稍安，剛才警察通知的時候，已經説過不嚴重，但是她的心仍然好似滾油煎一樣焦急難受，她強迫自己冷靜，聲音卻仍然在發抖：

「怎麼樣？傷在那裏？讓我看看？」

石中鋼忙用手拉緊被單，不讓太太揭開：

「沒有關係的，虛驚一場，休息一下就可以回家。」

「回家？醫生說你斷了兩根肋骨……。」

媳婦疑惑的說出來，把石太太嚇了一跳：

「什麼？肋骨斷了兩根？怎麼撞的？這麼早？怎麼會被機車撞得那麼慘？是不是你過馬路的時候……？」

「一定是啦，那些傢伙騎機車橫衝直撞，尤其是早上人少，騎得更快……。」

「那個闖禍的傢伙抓到了沒有……？」

石中鋼的心好比刀剮一樣的難受，他趕緊閉上眼睛，似乎怕他們會在他眼睛裏窺到他心裏的秘密。他們還不知道他的隱情？這樣最好，趕快想辦法離開這裏，回家？或者換一間醫院再說……。他又睜開疲倦的眼睛：

「是我自己不小心，莫去追究了，這裏太吵，可不可以先回家休息看看，醫生說肋骨斷了兩根，我看也是揣測而已，我自己知道，不會有問題的，先去辦手續，我們回家再說，有問題我們再去找醫生也不遲！」

「爸爸你開玩笑，無論如何也要醫生鑑定准許才能回家。這裏的確太吵，我去看看轉入病房再說。」

石中鋼明知道行不通，他們一定不肯，只有聽其自然了。能瞞一時就瞞一時算了。說不定能一直瞞下去呢！他心情非常複雜的閉目凝神，思考著對策。

石太太把兒子叫回來，很具權威的吩咐他：

「這間是什麼醫院？有熟人嗎？如果沒有？打電話叫你舅舅來，他一定有辦法，要找一間最好的病房……。」

舅舅是指石太太的弟弟，他在警界服務，在石太太的觀念裏，有事情就要找人事，只要有人事，一切都沒有問題。她兒子的思想正好和她相反，他認為現在辦事，錢最重要，有錢好辦事，何必去找人事關係？說不定到頭來還是要錢……他當然不會向母親解說分析，裝著完全照辦，唯唯諾諾的走了。

經過一陣忙亂，石中鋼終於被送到頭等病房。折騰了一個上午，現在才得安靜下來。不管如何，到現在為止還差強人意，沒有太令他難堪的事情發生。他吃了一個媳婦買來的麵包，喝了一瓶最不喜歡喝的鮮奶，精神已逐漸恢復，心情也逐漸平靜。他怕太太會追問他出事的情形，於是假裝很疲倦，想睡一覺，正要閉上眼睛，方老板連門都沒敲就闖了進來。石中鋼一看到他，心臟幾乎跳出口腔，全身忽然一陣發熱，呼吸也急促了……。

方老板一進來眼睛就盯向病床上，他看出是石中鋼時，也不和別人打招呼，一屁股坐在床前的椅子上，隨手把那頂鴨舌帽往床上一扔：

「你這是怎麼搞的？好端端的怎麼會撞上安全島？」

「……。」

「車子沒有問題，還能開，我已經幫你把菜送去了，沒有誤事，你放心好了。」

方老板停了一下，看他仍不說話，於是燃起一支煙，猛吸幾口，旁若無人的繼續說：

「聽說你的肋骨斷了兩根？怎麼會那麼嚴重？一定是你剎車太急，肋骨撞著方向盤，才會被壓斷。現在怎麼樣了？要不要上石膏？」

石中鋼心已大亂，勉強答覆他：

「還不知道。」

方老板看看手錶，把煙頭擲在地上踩熄了，站起來掏一疊鈔票，放在石中鋼的床頭：

「你一定等錢用，這個月的工資我先算給你，有困難你再打電話給我。我找個人代你先做著，等你出院後看情形再說，不用著急。你看怎麼樣？」

在親人面前，石中鋼實在想不出什麼話好說，只有點點頭，表示謝意，也表示同意。

「外面還有人在等著我，不陪你了，小陳說他要到晚上才有時間來看你。」

方老板説完，拿起帽子掉頭走出去。

像一陣旋風過境，也像被人擲下一顆炸彈，剛剛平靜下來的病房忽然又混亂起來。

石中鋼像電擊過似的混身發軟，他沒有想到方老板會這麼冒然的闖進來，又來得這麼迅速，秘密終於揭開了。他深深的吸一口氣，準備接受太太的審問。呼吸的時候胸部好痛，他只皺了一下眉頭，沒有時間去注意它。

果然，方老板一走，太太就像魚雷似的衝到床前，一雙掛著問號的大眼驚視著他，急促的説：

「他是誰？」

石中鋼已準備好受訊，聲音出奇的平淡：

「一個朋友。」

「你怎麼會有這種朋友？」

石中鋼一下昂起頭，心中不悦的瞪著她：

「什麼這種朋友？你知道他是誰？」

「誰？」

石中鋼一下接不下去，他怎麼能夠說出他是誰？他與她毫不相干，他根本不想說出他是誰，於是木木訥訥的仍然只能說：

「一個朋友。」

石太太看著丈夫的表情，疑竇越來越深，迫不及待的想知道實情，看見丈夫吞吞吐吐，心一急，大聲起來：

「廢話，我管他什麼朋友？你少拖時間，快把實情說出來，他為什麼要送錢給你？」

「那是因為……因為，他知道我受傷，送點錢給我用，如此而已。」

石太太霍然站起，走了兩步又轉回來，頓著腳：

「你簡直氣死我了，你為什麼要折磨我？聽他口氣，好像是你在開車？你自己出的車禍？這倒底是怎麼一回事？你快說呀？」

太太提到那包錢，石中鋼心中一動，在世道人心不古，世風日下的今日，還有這麼厚道的人，實在難得。他本來還擔心不知如何向他解釋而耿耿於懷，現在已經釋然了。他瞥一眼暴跳的太太，笑了一下，沒有說話，他沉醉在自己的思維裏。石太太看見他那付滿不在意的表情，急得像熱鍋上的螞蟻，繼續追問他：

「你不說話，表示你承認是開車了？這麼早，你開車幹什麼？你怎麼還會開車？你為什麼要開車？你到底在搞什麼鬼？快說，你快說呀？你不怕急死我是不是……？」

太太連珠炮似的追問，石中鋼根本無從答覆，仍然對著太太乾瞪眼。石太太無奈何，想找兒子說話？這才發現兒子不見了，正感奇怪。卻看見兒子垂頭喪氣的走進來，她沒有去聯想兒子的表情，劈頭就問：

「你知不知道你爸……？」

石太太說了一半，看見兒子心事重重的走到父親床前，低聲的說：

「爸，我剛才追出去問他，他什麼都告訴我了，我真不明白，爸爸為什麼要做這件事情？」

石太太全身一震，緊張的問：

「什麼事情？」

「爸爸早上幫人家開車送菜，每天早上都去，已經好幾個月了。爸爸，你這是為什麼？」

「早上？早上你不是去做晨間運動嗎？怎麼會去開車呢？」

媳婦也靠到床前，不相信的說：

「爸爸每天早上都在家的呀，要出去也是下午，怎麼說每天早上去幫人家開車呢？一定是弄錯了，不可能是爸爸。」

「不會錯，那個老板說爸爸是清晨去送菜，七點以前就送完畢，所以我們都不知道。」

石太太仍舊在五里霧中，她懵然的注視著丈夫：

「是真的嗎？你真的去幫人家開車？」

看著太太一臉驚惶，石中鋼帶點歉然的點點頭。

「為什麼？」

石中鋼真的疲倦了，懶得再解釋，只好斬釘截鐵的說：

「為錢。」

「為錢？」

幾乎是異口同聲的緊張，石中鋼瞟他們一眼，覺得好笑。不過他不認為這是一件好笑的事情，所以他神情非常嚴肅的說：

「是的，為錢。」

石太太用詢問的眼光瞥兒媳一眼，訝然的問丈夫：

「我們家會缺錢嗎？」

「我們家都不缺錢，只有我缺錢。」

「你缺什麼錢？」

「零用錢。」

「那就怪了，我每月都給你一千塊零用的呀？」

「是的，每月一千塊，包括煙錢在內，妳想想，我退休幾年，薪俸加了幾次？香煙漲了多少？一千塊，怎麼夠用？」

「你不夠用為什麼不說？又沒有人限定你用多少錢？你把我看成什麼

人了？」

石中鋼忽然想起什麼來，若有所思的停了一會：

「妳是沒有限定，那次我要送五千元給趙老，妳推三阻四，後來又追問了幾天，還生我的氣……。」

「我當然要生氣，他要用錢為什麼不問兒女要？他們個個有成就，輪不到我們救濟……。」

「都不在身邊，如果不是晚景堪憐，他也不會接受我的錢。再說那次迪凡回來，我要約幾個朋友在外面請他吃飯，妳又是不高興，我話已說出去了，弄得我……。」

「為什麼要請迪凡，他出去的時候連招呼都不打一個，你請他，他還以為……。」

「所以說，我連用一點錢的自由都沒有，還談什麼其他？我現在自己賺錢，用得自由自在，我不向妳要錢，妳還操個什麼心？」

石中鋼像江河千里似的一瀉胸中的積鬱，把全家都聽得瞠目結舌。尤其是石太太，做夢都沒有想到這個生活循規蹈矩，做事一板一眼的丈夫，會說出這樣的話來，她頹然的坐在椅子上，像個被戳破的氣球，洩氣了。

石中鋼知道太太心裏不好受。反正話說開了，就是這麼一回事，心中沒有了秘密，倒也輕鬆，一心一意把傷治好再說。他對神色不安的兒子說：

「扶你媽去沙發上休息，我也要睡一下，你去上班吧，美芳也要回家照料，莫為我一個人亂了一家的步驟……。」

石中鋼話未說完，石太太忽然把腰一挺，側望著丈夫：

「撇開剛才那兩件事不說，一切人情應酬我都會另外給你，你煙癮不大，每月只理一次髮，又不去馬殺雞，一千塊零用應該夠了。既然你已經做了幾個月的事情，你的錢那裏去了？我怎麼沒有見到過？」

石中鋼忽然莞爾一笑：

「妳倒真是小心眼，又計算起我來了？」

「不是計算你，是想知道你要錢來做什麼？我不相信你完全是為了朋友？」

「妳真聰明。我當然不會全是為朋友，我自己花呀！」

「自己花？怎麼個花法？你會花錢嗎？」

「哈哈，妳真是小看我了，妳以為只有妳會花錢嗎？告訴妳，妳每次前腳出門，我後腳就走……。」

「走到那裏？」

「打牌呀，飲茶呀，聽歌呀，坐咖啡館呀，呵呵，多了！多了！」

「和誰去？」

石太太想入非非？心裏一陣緊張：

「哈哈，還會和誰去？自己去呀！要不然，找個老伴呀！」

「老伴？」

「是的，老伴，像迪凡、趙老、楊堅老、丁謙等都是老伴，我們有的是閒情，有錢再培養一點雅興，妳以為只有妳才會天天打牌消遣嗎？」

「怎麼我一點都不知道？」

「妳經常半夜三更回來，第二天幾乎睡到中午，下午又走了，妳當然不知道。」

石中鋼最後幾句話，語氣帶點埋怨，等於給太太當頭棒喝。石太太如夢初醒，慚愧得抬不起頭來——最近幾年，她的生活是改變了很多，她認為，既然娶了媳婦，家的責任就該通通交給她。丈夫退休後，既然他不用上班，沒有時間限制，也就不必管他了，他應該會照顧自己才對。加上丈夫一向不喜歡交際，他經常說：他寧可在家吃飯，也不願參加宴會。所以，她以為丈夫喜歡留在家裏，那裏都不去，於是乎，她就獨來獨往，日子久了，變成了一種習慣，沒想到丈夫會不甘寂寞，私自去找工作賺錢，真是意想不到的事情。萬一剛才車禍嚴重點，豈不叫我遺恨終身？石太太想到這裏，全身一慄，好在上帝保佑，未出大亂子，否則……。她幽幽怨怨的瞥丈夫一眼，正想告訴他，我以後那裏都不去，在家陪你就是。卻看見兒子彎下腰，黯然的說：

「爸爸，不管你怎麼認為，你都不該去工作的，你叫我這個做兒子的怎麼去見人呢？都怪我們粗心大意，沒有關心注意爸爸的生活。您以後要用錢，說一聲，我馬上拿給您，只求爸爸以後不要再想到去找工作了，免得人家誤會我不懂得孝順呢！」

兒子一片好意，石中鋼卻在心底下哼了一聲：

——要用錢，說一聲，你才給——。還不是一樣要開口伸手？倒不如自己賺來得爽快。只是，只是……？

他忽然傷感起來，自己還能賺錢嗎？難了！難了！今生今世再也難了！

他心裏一陣落寞，那種神秘新奇輕鬆自由的生活已經結束了，以後也難再了……。

兒子已經說過，只要用錢，馬上拿給我！

不管如何，兒子說的話令我感到安慰！

問兒子？問太太？總比沒有得問好吧？

管它呢！問就問吧！比起趙老來，強多了……。

嗟來之食又如何？

石中鋼心情複雜的閉上眼睛，臉上綻出一絲絲笑意。

他開始感到胸部有點痛，唔！好痛……。

過雲雨

父親節那天，下班的時候，古有道一分鐘都不擔擱，匆匆的回家去，早上走的時候，太太沒有任何暗示，孩子也沒有任何表示，他猜想一定是留待晚上了。所以他才會匆匆的趕回家，回去享受一年一次做爸爸的神氣。他已做了六年爸爸，算得上資深了。往年，太太都用各種方法來慶祝他的節日，他的孩子還小，如果不是做母親的出主意，孩子是不會有所表示的。一向，他都是過著幸福美滿的生活，但是現在？一陣寒意襲上心頭，他沒有把握，他不知道今天太太會不會有什麼花樣來慶祝他的節日？

古有道匆匆上樓，悄悄開門進去，第一眼瞄向飯桌，空空如也。兩個暑假中的兒子傻呼呼的坐在電視機前，看見爸爸回來招呼也不打一個。他有點失望，再推開緊關著的房門，太太正僵直的坐在書桌前出神，他咳了一聲，沒有反應。走去輕輕拍拍她的肩膀，仍然情深意濃的香香她的長髮，柔聲的説：

「丹妹，什麼時候了，還在寫嗎？怎不吃飯？」

黃丹妹正全神貫注的想著一個問題，她驚然的動了一下，卻沒有反應。古有道一邊脱衣服一邊故意發出各種聲音示意他回來了，卻仍然不見動靜。他到廚房裏打開冰箱看看，生的魚肉和未洗的青菜倒有不少，他又著腰出了一會神，聽見孩子在客廳裏大叫起來：

「媽，我肚子好餓……。」

「媽，趕快，我要吃飯……。」

孩子的吵聲挑起了他的怒意，一肚子不高興的回到房裏，聲調比剛才重了很多：

「喂！丹妹！我們今晚吃不吃飯呀？」

叫了兩句丹妹，她才木然的轉過頭來，帶著乞求的眼光凝視著他：

「拜託，麻煩你弄一下好嗎？」

平常，就算他有點不願意，他也會勉強自己去弄，但是今天，今天是爸爸節，理應享受點特權，這是他做了爸爸以來，年年都享受太太付予的特權，今天似乎要取消了。

孩子叫餓，他的肚子也叫餓，現在做已經來不及。無奈何，只有忍痛犧牲似的拿了一百六十塊錢給兒子：

「去，去買四個便當。」

「怎麼今天又有便當吃？」

兩個小男孩對吃便當最感興趣，拿了錢飛快的往樓下衝。樓下隔幾間店舖就有自助餐，倒是非常方便。

幾分鐘後，孩子提了四個便當回來：

「拿一個到房裏給媽媽。」

父子三人對著電視機津津有為的解決了晚餐。

古有道有心事，幫兒子洗完澡，自己也料理乾淨，看了一會電視就打發孩子回房去睡覺。他溜回房間，看見太太的便當仍然擺在那裏，太太仍然對著書桌出神，他深深的吸一口冷氣，還要多久她才能離開書桌？他不敢生氣，也不敢有怨氣，盡量抑制著自己，培養出滿腔的熱情，輕輕走上去拍拍她的肩膀：

「丹妹，你的便當怎不吃！冷啦，你知道現在幾點鐘了？」

沒有反應，他再努力，聲音更柔：

「你知道今天是什麼日子嗎？唔？」

太太無動於中，他有點不悅了，嚥了幾下口水：

「你中邪了不成？也不見你寫？光坐著發愣！發什麼愣嘛！」

太太拂拂手，示意他不要打擾。他沒有理會，繼續揉著她的肩膀：

「我要你陪我！我不要你寫，我……。」

「不行，我這篇未寫完，不要來打擾我。」

古有道眉頭一皺，瞪著她那蒼白的稿紙：

「寫完！你這麼端坐著，幾時寫得完？我不管，今天是爸爸節，我要你陪我，你總不能……？」

丹妹正為一個問題無法自圓其說而苦惱，她猛然把身體一扭，沒好氣的瞪著他：

「拜託你別煩我好不好？我就快寫到結尾了，求求你，寫完你再……。」

「不行，我現在就要你停下來，你趕快把便當吃完，我去給你放洗澡水……。」

丹妹已被他纏得不耐煩，用力把桌子一拍：

「煩哪，你這個人怎麼搞的，叫你不要吵你偏不聽，你給我出去，人家想得好好的結局都給你攪亂了……。」

古有道已憋了一整天，不，是好幾天，也是好幾個月了，他無法再憋下去，忽然發起性子來，上前把太太的稿紙一掃，稿紙散落一地，他還用腳踐踏，邊踏邊罵：

「寫寫寫，寫你個頭，寫你個冤大頭，沒見過像你這麼神經病的人，我受夠了，你再寫我準會發瘋……。」

突如其來的舉動，倒真把黃丹妹嚇呆，看著滿地的心血，她也瘋狂了，霍然躍起聲嘶力竭似的揪著丈夫猛搥：

「你發瘋，我才發瘋呢，我每天辛辛苦苦精疲力竭的寫作，只因為你說要買房子，我才不得不拚命的賣力，你居然敢把我的稿紙撕毀，我跟你拚……。」

古有道已怒極，一掌把她推開，忽然狂笑一聲：

「稿費買房子？哈？笑死人啦！你算算看，這幾個月來，你寫過幾篇文章？稿費加起來總共有幾個錢？你自己好好的算算看？」

黃丹妹被丈夫一掌推倒在地上，這是他們結婚七年來從未發生過的事，今晚丈夫準是瘋了，居然對她動起手來，她傷心欲絕，失聲痛哭，不斷的用手搥著地板：

「我又不是天才，我現在才開始，怎麼可以……？」

「才開始？半年了，我已經忍受了半年你這種莫名其妙的生活？我再也無法忍受了，這半年就靠我一份薪水付房租，交會錢，還要維持生活……。」

丹妹猛搖頭，大聲吼回他：

「難道我這幾個月沒有收入？我上個月就發表了三篇稿子，難道……？」

古有道又是陰沉沉的怪笑一聲：

「三篇？哈？幾百塊錢一篇，三篇加起來不過兩千元，夠個屁用。」

「想不到你會講出這種話？你太現實了……。」

「我們怎麼能不現實？為了買房子做的兩個會，按時要給人家的，這幾個月我們沒有預算，已經……。」

「那你為什麼叫我辭職……？」

「那是因為你自己誇下的海口？你說如果辭職在家專心寫稿，一定會比上班好，又可以看家免遭小偷，孩子放學也可以多點時間照顧他們，所以我才鼓勵你辭職，沒想到……？」

「本來就是這樣，沒想到什麼？」

「沒想到你會這麼沒有時間觀念，日夜不分的寫，而且還寫不出個名堂來。你把自己關在房間裏，客廳被人偷光你都不會知道。兒子呢？整個暑假不是對著電視機就是放他們出去野，只要不煩你就好。早餐天天都是牛奶麵包，連荷包蛋你都懶得煎，午餐呢？我看垃圾桶的紙袋就知道，大概天天都吃沖泡的牛肉麵，現在連晚飯你也沒空煮，我要是加班大家就得吃便當，你算什麼家庭主婦……？」

「便當是你叫他們買的，牛肉麵他們喜歡吃有什麼不好？」

「當然好，不吃等著餓死不成？你沒看他們剛才吃便當的饞相，你真該感到慚愧，他們洗完澡那盆水，簡直不敢看，要多髒有多髒，你這個做媽媽的……。」

說到孩子，丹妹心裏一陣抱歉，卻不願聽丈夫指責她，反而理直氣壯的昂起頭來，怒目瞪著丈夫：

「我又不是去打牌，又不是去交際應酬，我也是為了想多寫點錢，才把自己關在房裏，我慚愧什麼？家又不是我一個人的？誰規定家務事一定要老婆做？你們做老爺的偶然幫忙煮頓飯，幫孩子洗個澡有什麼不應該？好像幫了我天大的忙似的，說得自己那麼偉大……。」

「我沒說我偉大，我只是不甘願過這種日子，像你這種莫名其妙的……。」

「不甘願為什麼不早說出來？你以為我這幾個月好過？稿子退回來我有什麼辦法？有些兩三個月了一點稿費都不寄來，我又有什麼辦法？收入少我何嘗不急？我這麼拚命，還不是想多寫點錢出來？我是死人哪？家裏的情形我會不知道？用得著你提醒？」

古有道瞥妻子一眼，沒有答腔，臉上帶點愧意的盯著地上的稿子。

黃丹妹順著他的視線看著地上遍體鱗傷的心血結晶，火氣更盛，憤然的站起來，自己也用腳踢兩下，咬牙切齒的瞪著丈夫：

「如果我剛才沒有拒絕你，你會說出這種刻薄難聽的話嗎？就只為不順從你，你就把我貶得一文不值，不留一點餘地，你太可怕，太自私，太沒良心。你不甘願過這種日子，我才不甘願呢！我們分手好了……。」

黃丹妹越說越傷心，忍不住倒伏在床上痛哭起來。

古有道被太太搶白一頓，更是啞口無言。正不知所措，回頭瞧見兩個兒子驚惶的站在房門口，他忽然老羞成怒的對他們大吼一聲：

「看什麼？還不趕快滾回房去睡覺。」

孩子本已嚇呆，父親一吼更是驚慌得奔到母親身旁，抱著母親大哭起來。

母子三人哭做一團，古有道一時也不知如何是好？事情會變得這麼糟，他感到很莫名其妙。惘然的出了一會神。但覺陣陣熱氣上升，腦袋越來越脹，他忽然用力把門帶上，乾脆讓他們哭個痛快。自己掉頭衝向客廳，氣虎虎的一頭倒在沙發裏。

一覺醒來，屋裏靜悄悄，太太孩子都不見了。

「走就走，永遠都不要回來……。」

古有道又罵起來。雖然他已有點後悔自己的過火，但餘怒未消，恨太太冷血，才逼使他發火。現在又丟下他帶著孩子回娘家，令他難堪。他越想越氣，獨自發了一頓脾氣，早餐也沒吃，帶著一肚子的委屈悶氣，強迫自己跨上機車去上班。

在公司裏，整日昏昏沉沉，同事以為他生病，沒人會懷疑他會跟太太吵架。他們是令人羨慕的一對，在公司裏上班而認識，而結合，大家都羨慕他娶到一位有才華有內涵的好老婆，他一直也以此自傲。可是今天……？

古有道幾次被自己的思緒嚇出一身冷汗——

會不會沒有回娘家……？

會不會帶著孩子去投河？去臥軌……？

幾次緊張的走到電話機旁，猶豫一會，又退回來，他沒有勇氣撥電話到岳母家，他怕……。

古有道心神不寧的終於熬到下班、騎上機車，想去岳母家看看，結果還是回到自己家門口，太太的機車不在，心裏涼了一截。拖著沉重的腳步上四樓。

失望疲倦的古有道頹然的躺在沙發上出神，這個時候，丹妹應該知道他已下班回到家裏，應該打個電話來問一聲，告訴他今天的行蹤。明知道他會擔心，為什麼不來電話，閉上眼，思潮起伏，陣陣驚恐襲上心頭，眼睛又盯著電話，卻不肯去碰，寧可被焦慮苦惱煎熬，也不願向太太低頭，他的怒氣未消。惶然中，電話鈴驟響，他顫然一震，緊張的一躍而起，拿話筒迫不及待的叫了聲「丹妹」、傳過來的卻是岳母慈祥的聲音：

「阿道嗎？……你真沉得住氣，現在還不打電話來問一聲？你這麼放心他們嗎……？」

古有道臉上一陣火辣，窘然的低下頭，怯怯的說：

「我……我今天加班、太忙、剛剛才回到家……。」

電話裏出現岳母慈祥的笑聲，笑聲中，似乎已洞察出他在掩飾：

「……丹妹什麼都告訴我了，氣頭上，你們就冷靜一兩天吧……。後天星期六，中午下班你來接他們，我燒兩道你喜歡吃的菜等你來吃。對了，你現在吃過飯了嗎？」

一陣暖流直通入古有道的心坎裏，他凄涼的搖搖頭！

「沒有。」

「我就知道你沒有吃飯，你也太任性了，去看看有什麼吃的趕快去弄點，我猜想你這一整天也沒吃東西，是吧？……不要胡思亂想，沒事的，吃飽就去睡，知道嗎？」

「知道……。」

好在岳母先掛斷，否則他會接不下去，他已哽咽了。

接完電話，古有道精神一下提升起來，吃了一碗他平時最討厭的泡麵，別有一番風味，難怪太太喜歡買它。

洗完澡，精神更好，岳母叫他吃飽去睡覺，他心事重重，怎睡得著？錯錯錯，都怪昨晚太魯莽、太暴躁，才闖下這個禍，好在岳母說沒事，否則……？

他不敢多想，慚愧的把房間裏散落地上，凌亂不堪的稿紙拾起來，一張張把它撫平。撫平的稿紙仍然有縐痕，他心中一陣不安，紙尚如此，太太的心呢？撫得平嗎？會留下綹痕嗎？忽然，他又衝動起來，馬上就想見到太太。岳母說後天，後天太久，他等不到後天，看看時間，十點不到，為了向太太贖罪，他用燙斗把稿紙一張張的燙平，按著順序疊好，包好。鎖上門，跨上機車，匆匆的向岳母家奔去。他在巷口熄了火，推著機車慢慢走，一來不打擾鄰居，二來可以調勻過份跳躍的心臟。

開門的是丹妹的大嫂，他示意大嫂不要張聲，輕輕的把機車推入院子裏。裏面傳出岳母的聲音：

「秀鳳，這麼晚了不要隨便亂開門，要問清楚才……。」

黃老太太話未說完，古有道已出現在他們面前，大家都有點愕然。黃丹妹一看見丈夫，面色驟變，迅速站起來向裏面走，被她父親叫住：

「丹妹，走解決得了問題嗎？鬥氣又能解決得了問題嗎？既然阿道已經來了，何不面對現實大家把話說清楚，在家裏反正不會讓你吃虧的，對不對？你怕什麼？」

黃老先生一邊說一邊笑著，示意女婿坐下。黃老太太把女兒拉回身邊，笑呵呵的說：

「阿道，你怎麼又不聽話？我叫你後天來的，怎麼現在就來了？你的脾氣真急躁，闖一次禍還不夠？還想……？」

古有道額頭冒汗，心虛的向岳父母打招呼，同時打開紙包拿出一疊稿紙，靦腆的送到太太面前：

「丹妹，我錯了，我把它撿起來一張一張的用燙斗燙過，如果不行，我回去幫你重抄一遍，好不好？」

黃丹妹用力把稿紙一拍，激動的說：

「不要了，就算登出也不值幾個錢，對不對？我發誓不再寫了。」

古有道面帶愧色的彎腰拾起稿紙，默然的端坐一旁。

黃老先生瞥他們一眼，搖搖頭，燃起一支煙：

「你們把寫作的出發點完全放在錢上頭根本就錯……。」

老太太知道丈夫的毛病，想制止他：

「要睡覺了還抽煙，別一開口就教訓人好不好？」

「他們糊塗我當然要教訓，想做職業作家那麼容易？就憑得過兩篇徵文獎，寫過一些抒情小品就想做名利雙收的工作？有那麼簡單嗎……？」

「他們已經做了，說有什麼用，你教他們一些方法才……。」

「沒用的，有千里馬先要有伯樂，藝術文學不是快見利的行業，一定要經過一段暗淡磨練時期，夫妻有一方不能犧牲配合就會產生問題。我教了幾十年書，很清楚這件事，依我看，不寫最好，否則你們的家庭遲早會散，買了房子也沒用……。」

「他們就是為了想買房子才變成這樣，等他們買了房子後就不會有問題了……。」

「置產是長遠計劃，如果日常生活處得不愉快？還談什麼將來？」

兩個人同時低下了頭。老太太覺得丈夫說得有理：

「是呀，還是像以前那樣多好，一有假期兩部機車，一人帶一個高高興興的去玩，有時候阿道還可以陪我玩幾圈呢！對了，這麼久丹妹忙著寫東西，阿道也不來陪我們玩，是不是到別處去打牌呀？」

古有道委屈的搖搖頭：

「她天天關在房裏寫，不准我們打擾，我只好盡量找機會加班，我們只能如此。」

老太太痛惜的拉起女兒的手，安慰她：

「聽爸爸的話趕快別寫了，還是去上班好，過以前那種有預算的安定生活才是正確的。要買房子為什麼不肯用媽的錢？你們如果不安心等將來存夠了再還給我，現在你們就不必這麼苦……。」

「是呀，既然那麼急買房子，現在就買，比前兩年便宜三分之一的價錢。你媽有私房錢，不用白不用，等安定下來，再多看看多讀讀，偶然也寫寫，不等稿費派用場，心不急才會寫出好的作品，這才是你們該走的方向。」

大嫂端了碗綠豆湯給古有道：

「我有棟房子空在那裏，叫你們住又說不要，太過見外了，我們現在不是也住爸媽的房子嗎？有什麼關係呢？」

「不是見外，是我們這裏上班方便，五分鐘就到，住家環境又好，市場學校醫院都非常方便，我想在這裏買房子，但我不想麻煩親友，我希望我們勉強一下自己，總會……。」

「但有些事情勉強會有後遺症的，凡事要先衡量輕重，是買房子重要呢？還是夫妻感情重要？為買房子不惜傷對方的心，划得來嗎？」

古有道愧然的抬起頭來，與太太的目光相撞，全身的血管忽然暢通起來，赧然的對著太太傻笑：

「丹妹，我向你道歉，我錯了，你別生氣，不管你以後寫不寫，回去罰我抄一百遍我都認了，好不好？」

大嫂忽然笑起來：

「今天真可惜你大哥出差去了，否則叫他聽聽，他就沒阿道修養好，每次生氣都是我先找他說話，他才不肯……。」

老太太也跟著開心的提高了聲音：

「所以我都幫你呀，知子莫若母，他那個脾氣呀，就跟他老子一模一樣……。」

「怎麼又說到我頭上來了，我什麼地方得罪人呀？」

大嫂忽然想起什麼來，對著阿道笑笑：

「你的福氣好，要是換了對門那位趙媽媽，可熱鬧了，每次她女兒回來訴苦，她就幫著女兒討公道，弄得天下大亂雞犬不寧。兒媳吵架她也跟著起鬨，親家也變成冤家。結果呢？離婚的兒女把孩子往她身上一推，家裏兩三個都是有父有母的孤哀子，還整天抱怨被孫子縛死，那裏也不能去，這才叫活該。」

「好啦，我們要睡覺了，你們回去吧，明天再來接孩子回去好了。」

老太太話剛說完，丹妹隨即站起來向裏走。

「我不回去……。」

古有道也站起來跟著她：

「我也不回去，我一個人回去幹什麼……？」

老太太以為他們真的不回去，反而高興：

「不回去就在這裏睡，我把小胖抱到我床上，你們就夠睡了。」

黃丹妹回瞪丈夫一眼，她知道丈夫的脾氣，怕他在娘家胡鬧，又出洋相，只好跟他回家。

古有道高高興興的到院子裏推機車，聽到岳父小聲的不知道對誰説話：

「好在是一場過雲雨……。」

畫「眉」之樂

清晨，安太太好夢正酣，被一陣急促的電話鈴聲嚇醒，不知響了多久了？宗元怎麼不去接呢？還沒有回來嗎？安太太嘀咕著，迷迷糊糊的拿起電話：

「……媽媽，怎麼還不來……。」

哎呀，原來是女兒打來催她的，該死該死，怎麼給忘了？她急得直跺腳：

「……好的好的，我馬上來，我三十分鐘趕到，你先到樓下門口等我，一到就走。」

放下電話，安太太精神一振，動作快得像卓別林似的，先把老爺的早餐弄好，然後梳洗穿戴。對著鏡子，迅速抹些粉底，無暇細描慢畫了，拿起眉筆左右一掃，管它高低粗細，抓起皮包往外跑，已經鎖上門又折回去換拖鞋，氣喘如牛的鑽進計程車。

幾天前，安太太和女兒約好今天上午陪她到醫院看醫生，么女結婚兩年多還沒有喜訊，好不容易說動她願意去接受檢查，這麼重大的事情居然給忘了，該死該死，她暗罵著自己。這幾天真是玩昏了頭，昨晚不該加那四圈的，差點誤了正事。

安太太在計程車裏定了一會神，又急忙掏出粉盒來，就著盒蓋的小鏡子，趕緊查看那兩條眉毛，剛才畫得太匆促，一定有問題。她端詳了一會，果然瞧出毛病來。左邊的眉毛過粗，右邊的又彎了一點，幸好發現了，趁著司機等紅燈的霎那，趕快修正過來。

為了這兩條眉毛，安太太確實下過一番功夫，每天早上她花在眉毛上的時間最多。年輕的時候，兩條清秀的眉毛配著她那張橢圓型的臉蛋，很自然，很相稱。她只需在眉毛上補一點就很好看，不補也過得去。

時光悠悠，隨著歲月的增加，安太太的臉龐越來越圓，而眉毛則越來越稀，稀到離鏡子遠一點都看不見有眉毛了。她以為把那幾根寥寥可數的眉毛剃掉後會長出較粗較濃的新眉毛來，誰知道眉毛剃掉後卻什麼都沒有了，不得已，只好用畫眉來補助。

想不到畫眉也有學問，起初很不順手，經常在梳妝台前磨上個把鐘頭，也畫不出兩條勻稱的眉毛來。不是太粗看起來兇兇巴巴，就是太細太彎顯得不夠莊重。常常畫得眉骨紅腫，兩手發酸還是徒勞無功。經過多時的揣摩，慢慢的才描出兩條慈祥和藹的眉毛來。自己看著滿意，於是乎，她把畫眉當成一種樂趣，只是常常也會有些尷尬的事情發生。像現在這種情形還算好的，最糟的是那次到機場送老三出國，居然少畫了一邊，被老三發現了，笑得他前俯後仰，大家都跟著笑出眼淚來。把離別的低落情緒一掃而空，也算是因禍得福吧？老三到了國外還為她的眉毛操心，每次寫信都提醒她別忘了少畫條眉毛，真是荒謬之至。

想起往事，安太太的臉上忽然飛上一陣熱潮。

由醫院出來，女兒繼續去上班。安太太看看時間尚早，廣兒家就在附近，去看看也好。

說是附近，也要坐五六十元的計程車呢！

附近有個菜市場倒是真的，安太太繞了過去，順便帶些菜到兒子家。她知道兒子家的冰箱經常都是空空如也的，媳婦要上班，沒有時間放在吃上頭。大人馬虎點無所謂，孫兒需要營養，馬虎不得。所以每逢星期假日，她都叫大家回去添補一番，臨走還要弄些便當菜讓他們帶回去，以補平時之不足。是自己的兒孫，她不得不操這份心。

安太太到了菜場，眼花撩亂，恨不得把菜場搬到兒子家去。她站在賣雞的攤前出神，想從前，要吃雞就得自己動手殺，她最怕殺雞，老弄牠不死，還得拜託鄰居幫忙。一隻雞殺出來，孩子多，誰吃雞腿誰吃翅膀都得輪流分配。現在可好，一堆堆的雞腿雞翅膀，乾乾淨淨的擺在眼前，她卻不敢放膽去買，她怕買回去沒人吃，還得自己消受。唉！時代不同了，現在的孩子連吃雞腿都提不起興趣，這是什麼世界嘛？管它，照買不誤，起碼廣兒的胃口好。她還是生的熟的買了一大堆，直到兩手提不動為止。

到了兒子家，掏出鑰匙，照例又是一番忙碌。

她先由陽臺開始，幾天不來，好幾盆植物的葉尾都枯黃了。連澆水都懶的人，偏偏還要附庸風雅，學人家種花養蘭，分明是摧花手嘛！可憐的花兒，安太太痛惜的輕輕翻弄著泥土，澆些水。也不過是十來分鐘的時間，幾盆垂死的植物又有了精神。

由陽臺轉入廚房，冰箱果然空空，但卻裝了不少的餅乾和飲料，各式各樣的餅乾都有，難怪電視上賣餅乾和飲料的廣告特別多，都是這些家庭促成的。看來以後餅乾可以取代主食了。想到孫兒們的蛀牙，安太太不由得又嘆起氣來。她把幾隻雞腿和冬菇放在燉鍋裏，加足水，通上電，今晚他們回來可以吃冬菇燉雞了。冬菇還是從她家裏拿來的，過年到現在，還是那麼一大包，根本沒吃嘛！唉！連吃都懶，安太太又嘆氣了。

燉下雞，隨手把幾個鍋子洗一洗，她知道媳婦不喜歡洗鍋子的，廚房的清潔工作都歸兒子包辦。兒子的個性她瞭解，他何嚐喜歡做這些工作？所以……。

其實，架上擺著好幾種牌子的洗潔劑，舉手之勞，根本不須用力氣，兩三下就清潔溜溜。要不了幾分鐘，冰箱、料理臺、轉眼煥然一新，看了叫人舒服。現在的廚房設備好，家事做起來得心應手，事半功倍。可惜現在的女人很多都不願做家事，當然也就沒興趣在家事上了。媳婦如此，女兒也是如此。女兒家的清潔工作是女婿做的，這點她心裏明白，所以……。

唉！現在的女人腦海裏只有上班、上班。似乎上了班就沒有家事的義務和責任，所以也就沒有做家事的習慣了。想當年，我也是上班的人，算了，當年想來做什麼？當年我雖然出去做事貼補家用，心裏卻有虧欠感，老怕怠慢了家人，所以把家事看得非常重要……。當年沒有電視機，下班回家晚上有充分的時間做家務事，現在不但有電視機，還有錄影機，誰肯把時間浪費在家事上？時代在進步嘛，安太太在提醒自己，莫多想了，趕快弄完還得趕回去弄午飯呢，家裏還有個等著吃飯的人，下午還有約會，她再度提醒自己。

安太太四處巡一遍，還算整潔，起碼比大女兒家好，大女兒的家更叫她不放心。

把一切料理好，順便打了個電話給媳婦，叫她下班不必帶菜回家了。媳婦經常都是帶些現成菜，有時甚至帶四個便當回家。唉，現在的家庭主婦，有時候也馬虎得有點過份了，想當年，我們沒有電冰箱，想當年，下班回家還得生煤球燒飯……。算啦，又想當年。走吧，安太太莫名其妙的笑了笑，帶上門匆匆趕回家。

一進門，安先生已打開電視機在等午間節目，看見太太回來，神情顯得不耐煩：

「你一大早出去，現在才回來，你到那裏去了？」

「我不是告訴過你今天上午要陪么妹去檢查的嗎？我還指望你會提醒我呢？害我差點誤了大事，還好是么妹她自己記起來的，否則……。」

「是她自己的事情當然應該自己記，這也好誇獎？莫名其妙。怎麼樣？

檢查結果如何？」

「還不知道。這個丫頭，原來是她自己不要孩子的，現在我才弄明白，是被她婆家氣了；才想要孩子，卻偏偏又有困難，所以才讓我陪她去看醫生，我還以為她那麼乖聽我的勸告呢，當初一結婚我就叫她任其自然，千萬不要避孕，她偏不聽，活該她受罪。」

安先生酸溜溜的笑一聲：

「她不要孩子還不是為你著想，否則，不知道誰受罪？」

安太太瞥丈夫一眼，果然是餓了！聽他說話的語氣就知道。她趕緊換了衣服，快速的把飯菜弄出來，夫妻倆對著電視機邊吃邊看，最關心的是氣象報告。安太太吃得比平常快，安先生已猜到有事情，果然，太太柔聲的問他：

「張太太她們等會就來，是你打還是我打？」

安先生一聽有客人來，也加快了速度，把最後一口飯送進嘴裏，爽快的說：

「你打，我下午已有約會。咦！奇怪了？你們昨晚打那麼晚才散，今天還要打？這麼好的龍馬精神？」

「就是因為李太太月底要去她兒子那裏，所以才陪她多玩幾圈，也算是餞行。應酬嘛，有什麼辦法……？」

安太太話沒說完，門鈴響了，幾位花枝招展祖母級的太太們笑了進來：

「……安先生哪，我們今天可是來陪你的唷！」

安宗元滿臉堆笑的招呼她們，吃飽飯，他的情緒果然好起來：

「謝謝、謝謝，我今天已有應酬，改天再奉陪。你們玩，我去泡茶，我先侍候你們再走。」

「哎唷，不敢當，安太太呀，你可真好福氣，先生那麼體貼，要是換了我那位老爺，他才不管你，他看我打牌不去報警就算客氣，還敢指望他泡茶？」

大家都笑了起來，一番寒喧過後，幾位太太立刻精神奕奕的開始這場應酬。

安太太的興緻好，談笑風生，滔滔不絕，坐下不久，椅子還未熱透，電話響了，正在換衣服準備出門的安先生走過去拿起電話，含蓄的笑了起來：

「太太，你的電話，要不要接？」

「誰？」

「你女兒。」

這個時候來電話，會有什麼事情？安太太疑惑的走過去：「……什麼？……現在……不行不行，家裏有客人，走不開……母姐會當然是你自己去……什麼……外婆也可以……我真的走不開……爸爸也要出去……好吧好吧……幾點開始……唔……好啦……我去就是啦……。」

放下電話，安太太一付無可奈何的表情盯著先生：

「你聽到了吧？這裏只好偏勞你一下啦！」

安先生臉色一沉，不悅的回瞪她一眼：

「不行，你明明知道我馬上要走，你為什麼要答應她，家長會本來就應該做母親去的，那是她的責任。」

「唉！她說了一大堆理由，我能不答應嗎？」

「她有理由，難道我們就沒有理由？什麼都推到你頭上來，太過份了……。」

「有什麼辦法呢？誰叫我是她媽……。」

夫妻倆很少在客人面前頂撞。安太太說話仍然像開玩笑似的，安先生卻很認真，斬釘截鐵般的回絕太太：

「不行就是不行，我已經和朋友約好，我馬上就得走，這裏我無法奉陪，我絕不能失信……。」

「沒有叫你失信，我現在就去，跟老師說兩句話就回來，計程車來回要不了一個鐘頭。你打個電話去說一聲臨時有事晚個把鐘頭去不就行了嗎？自己子孫的事不比任何事情重要嗎？」

終於，安太太還是像旋風似的走了，安先生無可奈何的搖搖頭，很不情願的坐下去，在幾位太太面前，顯得很無趣。像尊菩薩似的，一句話也不說。

安太太去了一個多鐘頭才回來，一進門就向大家道歉，滿臉歉容的挨到先生身旁，小聲的說：

「對不起對不起，老爺，你可以走啦！」

安太太坐回椅子，連咳帶喘的好一陣子才逐漸的平靜下來。安先生瞧著太太馬不停蹄的奔波，心裏又覺不忍，責備似的埋怨她：

「我看你呀真是勞碌命，整天無事忙。不過既然去了就不必趕成這個樣子，難道不怕趕出心臟病來。」

安太太喝口茶，定定神，笑瞇瞇的說：

「我怕你生氣，所以拚命跑，只要你不光火就好，對不起，你現在可以走啦！」

「老夫老妻的說話還那麼客氣，肉麻唷！」

安太太故作神祕狀壓低了聲音：

「你們有所不知，他自從退休後就變了，變得小心眼，也容易生氣，跟他說話還得陪小心。你看他剛才說話的樣子，一開口就拒人於千里之外，一點商量餘地都沒有……。」

「所以你就乾脆不商量斷然的走了，還是你有辦法。」

安太太神態怡然，不覺又提高了嗓門，轉了話題：

「唉呀，我走了那麼久才打到南風？怎麼搞的？」

「問你老爺呀，安先生什麼都好，就是慢了一點，明明是該打的牌，拿起來插來插去，結果還是那一張，拎起來還要推拉幾次才放手，坐他下家真是急死人哪！」

「急什麼？打牌又不是開計程車趕時間？多打四圈少打四圈有什麼分別？反正是消磨時間嘛。」

安先生已穿好衣服準備出門，聽見大家說他，忍不住又答上幾句。打開門正要出去，電話鈴又響了，響了好幾聲他看太太穩坐不動，於是又折回去拿起電話，不耐煩的吼起來：

「浩兒找你。」

安太太也有點不耐煩了，走過去皺著眉頭尖起嗓子：

「……什麼……星期六請客……要我做菜……不行呀，星期六你爸爸已約了丁伯伯來家裏玩……好嘛好嘛，幾個人……六個……是中午還是晚上……晚上……唔……放心啦……不講了，張媽媽他們在等著我……菜式明天再商量……。」

放下電話，安太太若無其事的坐回椅子，一眼瞥見站在門口出神的丈夫，訝然的問他：

「怎麼還不走？等什麼？哦！你放心，我只是幫他們弄幾個大菜，其他的讓他們自己動手，你放心去玩吧！」

安先生想到周末老朋友定期的約會被杯葛，心裏很不爽快，悻悻然的說：

「我看你呀，要是有三頭六臂，還真會去學開車呢，你要學會開車，你的兒孫們會更有福氣。」

安先生曾聽太太說過遺憾不敢去學開車的話，現在心裏不痛快，於是拿來諷刺她，沒想到安太太把頭一歪，挑戰似的瞪著他：

「你以為我不敢？我明天就去報名考一張執照給你看，人家曹太太上個月也考到了……。」

「敢敢，沒人說你不敢，我只是開玩笑而已，拜託千萬別莽撞，我怕了你，好嗎？」

「走吧！剛才又說太晚了，走了半天還站在門口磨牙，煩不煩呀？」

「好了，這下我們可以安安靜靜的玩了。」

安太太陶陶然的看著先生把門帶上，掉轉頭來故意長長的舒一口氣：

「安安靜靜？能嗎？你的電話多，雜務也多，打得不安心，怎麼能安靜？」

「說得也是，你呀，真是個活菩薩，有求必應，做你的子女真幸福。」

黃太太的心病一下被鉤起來，酸溜溜的說：

「也未必見得，你為他們鞠躬盡瘁，到頭來還是徒勞無功，他們未必見得會感激你。」

「我壓根就沒打算要他們感激，有什麼好感激的？為自己的兒女盡點心力而已。他們都忙得要命，我又閒得發慌，正好幫他們點忙，讓他們過得安心點，快樂點，談不上什麼功勞。」

「我為子女盡的心力不夠嗎？他們不但沒有反哺之心，連關懷之意都沒有，一個個結了婚忘了娘，我是失望透了。前世丈夫債，今世兒女奴，我受夠了，我不會像你這麼傻，還為他們的子女作牛馬。我現在自由自在，無牽無掛，愛怎麼過就怎麼過，不像你，整天縛手縛腳的，連玩個小牌的享受都受牽制，不值得哪！」

黃太太個性好強，專橫成習，沒想到一向尊重她的丈夫到了晚年會和她反目，對她冷淡。而一向順從的兒女結婚後也敢頂撞她、疏遠她，難怪她會傷心憤恨。

安太太卻認為她的想法作法有偏差，不以為然的說：

「是自己的兒女說什麼值不值呢？我猜想她們惹你生氣多半是粗心大意，你若對他們不滿就該明說，誤會才不會越陷越深。生氣不能解決問題，你叫他們搬出去更是不近情理……。」

「我承認沒你修養好，我是氣我那個媳婦下班回來什麼都不管，好像我們全家都靠她養似的。她上班我就該當老媽子不成？混帳……。」

「你看？說著說著又生氣了，現在的婆婆專權是行不通的，要多體貼同情。再說現在上班等車擠車也蠻辛苦的，她們還不是為了家庭收入才……。」

「她賺的錢會拿來當家用？哼！都是她的私房錢，所以我才氣……。」

李太太打斷她的話，忽然也哼一聲，火氣一下冒上來：

「就是呀，現在的子女就只會計算家裏的錢。我兒子出國幾年，未見他寄過一個錢回來。也沒有邀請我去住。這次媳婦生產需要人照顧才叫我去，卻連機票的錢都要我掏，你們說，能不心淡嗎？」

安太太把伸出去摸牌的手停在半空中，訝然的望著李太太。

「奇怪了？票都買好了，沒想到你卻會去得那麼不甘心，那又何必要去呢？」

「不去我更不甘心，好歹也出去見見世面，開開洋葷，否則……。」

「這種心境還能開什麼洋葷？我看哪，你還是先把情緒培養好，否則你會帶一肚子的氣回來。當初你送他出去難道就是為了要他寄錢回來？」

「這也沒什麼不對，養兒防老，不寄錢就該有把我們接出去奉養的打算。否則，我何必花那麼多錢在他身上，我何不留來自己花？」

安太太絕沒想到一向大方爽快的老朋友們，會對自己的親人如此計較，實在是料想不到。不免慨嘆的說：

「錢錢錢，唉！一切不愉快的問題都出在錢上，錢真是個害人精哪！媳婦有錢存是好事，他們的錢將來也是用在你孫子身上。兒子沒有寄錢回來也許他認為你們不需要，也許他這幾年過得並不好。總之，對兒女抱著只問耕耘不問收穫的心態，才會有意想不到的收穫。這種比喻也許不恰當，可是我想不出更好的比喻了。」

安太太滔滔不絕的說了一大堆，意猶未盡，正想再說，黃太太不以為然的冷笑一聲：

「像你這麼好命的人並不多，各人的情況不同，家家都有本難唸的經哪！」

「其實這些經並不難唸，只是各人的想法有偏差而已。」

一直默默的聽她們抬槓的陳太太忽然笑起來問安太太：

「那麼你對兒女的想法又如何？說出來讓我們開開茅塞，可以嗎？」

「很簡單，多動手幫忙，少動口嘮叨，自然樂在其中。」

黃太太的氣又沖上來了：

「那我不成了他們的傭人？老奴？」

「也不必這麼說，對已結婚的子女，我們是不需要再盡什麼義務了。問題是我不認為是義務，而是一種享受……。」

「他們不聽你的話，處處跟你唱反調，不氣死就是福氣，還談什麼享受？」

「我也知道現在的子女沒有以前聽話孝順，顧自己的多。但現在的父母也沒有以前慈愛，對子女關切得少而要求的多。親情之間似乎都有利害關係存在，這大概是一般人所說的代溝吧？我是孤陋寡聞、陋見而已。」

安太太怕得罪大家，說話處處留意。陳太太又笑了：

「怎麼今天安太太說話文謅謅的？我們看你是太操心，太辛苦，你老爺也說你是勞碌命。你好像還蠻快樂蠻幸福似的，這不容易呀。」

「我的確認為我們這一代的母親們很幸福。剛來臺灣的時候是艱苦一點，但沒有兵荒馬亂，沒有流離失所。雖然物質方面比較缺乏，但卻能在安定的環境中養育孩子，看著他們順利的受教育，過著日見日好的生活，看著他們成家立業，現在還能關心他們生兒育女，充分享受含飴弄孫之樂。如果我們不鑽牛角尖，不跟孩子們認真，你們說說看，是不是比我們上一代；或是其他兵荒馬亂的地方幸福得多？」

安太太說的是真心話，說得很誠懇，大家的心裏都有所感。沒有人答腔，安太太不好再說什麼，空氣顯得沉悶起來。過了一會李太太才悠悠的嘆口氣：

「俗語說得好，兒女是眉毛，配好看的，能有什麼用處呢？」

安太太仍然沉浸在自己的幸福裏，怡然的漫應她：

「既然兒女是眉毛，配好看的，那麼，我們何不把它畫得更好看一點？乾脆就享受畫眉之樂吧！」

黃太太又酸溜溜的冷笑一聲：

「好個畫眉之樂，好了，別發謬論了，好好的打牌吧，等會安大嫂事情來了我們又得中斷，又玩不成了。」

安太太歉然的抱拳向大家陪禮，肯定的說：

「不會的不會的，老爺不在家，什麼事情都沒有，我今天可是全心全意的陪你們，從現在開始，就是天塌下來我也不管了。」

「這話可是你說的？」

「當然是我說的。」

「好，由現在開始，廢話少說，大家安心打牌。」

鈴……鈴……鈴……。

電話又響了，六隻眼睛同時盯著安太太。

黃太太敏感的警告她：

「莫去接，讓它響，他們以為你不在家，就不會煩你。」

安太太果然不動，繼續摸牌，電話響了七八聲，她沉不住氣，赧然的站起來，自言自語般的說：

「也許有什麼急事也不一定，聽聽算了。」

她急步奔過去抓起電話：

「喂……什麼……娃娃要送過來……你們要去看電影……不行呀，我今天不能帶……什麼？票都買好了……好吧，送她過來好了。」

放下電話，一轉頭，安太太發現六隻怒眼同時瞪著她。

摑妻記

如心大廈十一樓一間私人的辦公室裏，頭髮已禿的宋柏青正低頭全神貫注在工作上。忽然，他感覺有人站在身旁，一抬頭，原來是女婿何季凡。他愣了一下。這真是出乎意料的事，女婿從來沒有到過他辦公的地方，他來做什麼？宋柏青左右掃視，沒有其他人，於是指指沙發，示意女婿坐下，眼睛卻在女婿臉上搜索著：

「你怎麼來了？一個人來嗎？」

「是的。」

「來了多久了？怎麼光站著也不說一聲？」

何季凡神態不安的坐在沙發上望著岳父憨笑，他心裏盤算著如何才能把太太吩咐的話說出來？他拘謹的回答岳父：

「我剛剛來，我怕打擾你工作，所以不敢做聲。」

宋柏青不知女婿為何而來？反正已經來了，看看手錶，快到午飯時間。他笑著對女婿說：

「你在我這裏吃午飯好了，我們可以邊吃邊聊，我叫他們多送一個便當來，這裏的特約便當相當不錯，不妨試試。」

何季凡一聽岳父留他吃飯，急了。他之所以選中午到辦公室來看岳父，就是希望三言兩語說完就走，如果下班後到岳父家陪他聊，又不知要聊到什麼時候？他不能答應和岳父一起吃午飯，慌忙拒絕：

「不用不用，我是到六樓有點事情，順便來看看爸爸，我坐坐就走，我回家去吃。」

坐坐就走，回家去吃，唉這小子比我幸福得多，他回家有飯吃，我呢？唉！宋柏青心裏嘆息著，他瞄著女婿的神色，必然有事而來，他心裏有點不安，迫切的追問：

「什麼事情要這麼來去匆匆？你不會順便來看我的，一定有事。是什麼事情？快說，不必吞吞吐吐。」

何季凡神秘兮兮的瞥岳父一眼，太太吩咐的事情他不知該先說什麼好？他有點為岳父擔憂，心一急，反而說不出來。宋柏青看女婿啞然以對，問題一定不簡單，他已經猜到八九成的原因了：

「是不是又和莉玲吵架了？莉玲也太……。」

「沒有沒有，絕對沒有吵架。」

宋柏青感到奇怪，忽然想起女婿會偷偷的去摸幾圈，莫非？他緊緊盯著女婿：

「既然沒有吵架，那麼？難道你惹了什麼麻煩不成？」

何季凡一聽，更加著急馬上慎重的說：

「不，我沒有麻煩，是你有麻煩，你的麻煩來了。」

宋柏青自以為猜對了，沒料到問題會是自己。他滿頭霧水，愕然的把眉頭一收：

「什麼？我有麻煩？我還會有什麼麻煩？」

何季凡不願岳父震驚聲音壓得很低，溫溫和和的一邊說一邊注視著岳父的表情：

「媽媽要回來了，下星期到。不曉得爸爸是否知道了？」

宋柏青怔了一下，他當然不知道太太會回來，他怎麼會知道呢？一年多沒有音訊，女兒不說，他不便問，就這麼僵下來。他恨太太，更恨女兒，因為她一點都不體諒父親，什麼事都不和他商量，見面也不提她母親的事。他還是偶爾在親家處聽到一點點風飄過來的閒話，或是女婿無意提到一下岳母那邊的情形，天南地北，只知道她平安就是了。兒子也混蛋，居然也不來封信告訴他母親在那邊的生活近況，讓他好安心。唉！辛辛苦苦把兒女養育長大，到頭來一點用處都沒有，生活仍然像一張白紙。勞碌一生，所為何來？

宋柏青的心情原已平靜，也習慣了孤獨一人的生活，難道現在又會起變化了麼？他長長的，嘆了一口氣，心緒開始不寧，前因後果，在他心裏翻騰……。

她要回來？

她還要回來？

她回來做什麼呢？

還有什麼未帶走的嗎？

宋柏青忽然又生氣的捏緊了拳頭。

何季凡看岳父不説話，剛才那副慈祥和藹的圓臉一下抹上一層秋霜，他感到不安，想開溜，莉玲交下的任務又未完成，回去無法交代，她一定不肯罷休。莫奈何，只得硬著頭皮面對現實。他怯怯的望著岳父：

「莉玲她，莉玲她叫我問爸爸，要不要去接媽媽？莉玲説：如果爸爸趁機會去接媽媽。當面向媽媽認錯，也許媽媽會回心轉意……。」

「認錯？認什麼錯？哼？」

宋柏青怒極，瞪著女婿用力一拍桌子，他女婿的心臟幾乎被他拍了出來——

自從他太太走了之後，女兒對他的態度反常，已經夠令他傷心失望。現在女兒又提出叫他去向太太認錯，難怪他火氣會這麼突然上升。如果不是女兒的慫恿，相信太太也不會那麼不擇手段的胡作妄為，做出令人髮指的事情。那一巴掌，應該給她才對。今天家裏的情況變得那麼糟，她要負大部份責任。她不自己反省，反而跟著起鬨，恨他打了母親，真是豈有此理？如果莉玲站在面前，他真會給她一巴掌——

宋柏青的拳頭揑得更緊，他瞥一眼站在面前的女婿，看他那一臉惶然不安的神情，又有點後悔自己的失態。這事與他不相干，怎能令他難堪？……

他的火氣慢慢又降下去，事情已經過去了，還翻那些舊帳做什麼？冰凍三尺，非一日之寒，女兒不順心，也是自己一手做成。當初太寵她，太信任她，才養成她目無尊長，奢浮任性的脾氣。只因太太已經生氣去就兒子，他才處處忍耐，不再和她計較，她還得寸進尺，居然……。

宋柏青想恢復剛才的好情緒，可惜辦不到，他的心思已亂，情緒已穩不下來。他昂起頭勉強向女婿笑笑：

「我們的事，一言難盡，你也知道當時的情形了。這事與你無關，我生氣你不必介意。莉玲的母親生我的氣還情有可原，莉玲就不該跟著起鬨不理我，你看她對我的態度？她這樣做太過份了。尤其是現在，母親要回來，這麼重大的事，她竟然不親自來告訴我，你說可惡不可惡？唉，大家只知道有拆散兒女婚事的父母，有誰知道也有拆散父母的兒女呢？」

宋柏青說到後來，情緒有點激動，笑容已經消失了。

何季凡一向都認為岳父是位好好先生，對人和氣，沒有架子，大家公認的好人。他一直不相信岳父會是個打老婆的人？尤其是岳母那麼能幹，賢慧，的確令人難以置信。剛才岳父一拍桌子，把他嚇了一跳，以為自己說錯了話，惶然不知所措的站起來，恭恭敬敬的望著岳父，不知說什麼好？好在岳父很快的又改變了態度，也改變了口氣，他心才安下來，順著岳父的手勢坐回去，心裏卻嘀咕著：畢竟是你打了她母親，她才生氣的，你現在還遷怒她拆散你們，何必呢？……他當然不會說出來，他只能說：

「莉玲她本來是要來的，只因為她學校比較忙，請不到同事代課，所以……。」

宋柏青瞧著女婿說謊的神情，想笑，又笑不出來，這個老實人，不知吃了莉玲多少苦頭了？還要代她掩飾，真是憨得可愛。不覺搖搖頭，淡然的問他：

「決定了回來的日期了嗎？」

「好像是下星期五。」

下星期五？那麼快？宋柏青莫名其妙的一陣心悸，他壓制著自己，繼續問下去：

「你知道她母親要回來的原因嗎？」

何季凡怔住了，他睜著一雙疑惑的大眼睛正視著岳父，宋柏青看出他有心事，安慰他說：

「沒有關係，你說吧，莉玲不會怪你的。」

何季凡不放心的把聲音壓得很低，似乎怕給人聽見：

「是大哥來信説媽媽在那裏住不慣想回來。大哥的意思是，既然爸爸那裏不能住，就住我們家好了，媽媽也同意，於是才決定回來，問題是，問題是……。」

「是什麼？儘管説。」

「問題是莉玲説，既然媽媽要回來，長住我們家也不是辦法，我們都要上班，媽媽一樣會寂寞，所以，所以……。」

「所以什麼？快説。」

「所以莉玲説，不如爸爸接媽媽回家，比較恰當，你們的問題也就解決了。」

何季凡非常困難的説出了真相，宋柏青恍然大悟，原來如此，怪不得她不來見我？原來她也有麻煩了。當初唯恐天下不亂，幫著母親神氣得像個主持正義的法官。現在呢，母親要回來，她認為會有麻煩，於是又縮頭了。是她有求於我，還叫我去向她母親認錯，荒謬！荒謬！她為什麼不先來向我認錯呢？……

宋柏青的火氣又頂上來，真想大罵她一頓，好消消心頭之忿。但是面對這個老實忠厚的女婿，怎麼都開不了口。他沉思了一會，認為還是要趁機會教訓教訓女兒，不能讓她事事都稱心如意。他清理一下喉嚨，慎重的說：

「既然莉玲有本事幫母親離開我，就不必怕麻煩把母親接去住。這一年多來，她沒有主動告訴我她母親在國外的近況，她母親要回來，也沒有人告訴我。雖然你是我女婿，究竟不是你的責任，我還有應該負責任的兒女。他們為什麼不來和我商量？所以，你最好聽我的話，不要去理他們，由他們去，她母親如果會害怕寂寞，就不會毅然離開我。你回去叫莉玲不必杞人憂天，她母親不會怕寂寞的。放心接她回去住。你再告訴莉玲，我沒有什麼問題需要解決，我已習慣了現在的生活，日子過得很平靜。我也不需要去認什麼錯，叫她不必操我這份心。既然你不在我這裏吃飯，我也不留你了，你回去吧！」

宋柏青滔滔不絕一口氣説完，情緒已激動得連拿著煙斗的手都發抖，他把椅子一轉，又低頭去處理他的工作。

何季凡一直提心吊膽的等待岳父的反應，他看岳父説得那麼斬釘截鐵，很出乎意料。平時岳父待人寬厚，怎麼唯獨對自己的妻女會那麼寡情？他還以為岳父聽見妻子回來會喜形於色；或是緊張得手足無措呢？他看見岳父轉身過去又埋首在工作上，知道岳父不想再説話，看來已經沒有商量的餘地。他心裏好沉重。不知回去如何向那個不太講理的妻子交代？

宋柏青低頭工作是想緩和自己的情緒，他存心想整整女兒，沒想到先為難了女婿。他瞥見女婿仍然肅穆的端坐在那裏，心裏很不過意，他站起來，走到女婿面前，帶著歉然的笑意對他説：

「回去吧，不會有事情的。我們是男人，就該有自己的見解立場，莫讓不講理的女人左右了我們的思想，妨礙了我們的生活。拿出魄力來，莉玲會像她母親一樣回頭的，放心好了。有困難隨時打電話給我，一定有辦法解決的。」

何季凡來的時候一直為岳父的處境擔憂，沒想到走的時候反而要岳父開導安慰，他感到窩囊，也有點啼笑皆非的感覺。

……拿出魄力來，莉玲會像她母親一樣回頭的。

回家路上，他反覆咀嚼這句話，對岳父英雄似的怒摑妻子的鹵莽行為，也漸漸產生了一點點敬佩之意。

宋柏青神態傲然的送走了女婿，坐回椅子上，心情一下複雜起來——靜雯要回來了，下星期就要回來。

正是平地一聲雷，他的確有點措手不及的感覺，思緒紊亂得無從整理起。

這個突來的消息，是喜是恨？連他自己也弄不清楚。

剛才在女婿面前，為了維持自己的尊嚴，盡量抑制著喜怒哀樂。現在，他再也冷靜不下來，午餐擺在面前，他視如無睹，腦海裏徘徊著靜雯那張可惡的面孔——

去年年底，她一聽到中美斷交的消息，像大禍臨頭似的，兩三日沒有睡覺，和女兒兩人輪流日以繼夜露天排隊等候簽證出去。他找了她幾日，只知道她日日去賣房子，提存款，最後在女婿口中知道她的行蹤，他震怒得幾乎要發瘋，匆忙趕到現場，在一群可鄙的人堆裏，找到了那張可惡的面孔，他不顧一切的衝過去，一把揪住她，當眾給了她一巴掌。沒想那一巴掌，打斷了幾十年夫妻的情份，從此以後，他連道歉的機會都沒有，就這麼分手了。當時如果兒女懂事，在父母鬧意氣的時候，作個和事佬，兩邊說說好話，事情也就過去了。偏偏那個死丫頭別有用心，虧她還是個老師，國家處境到了那個地步，她居然還慫恿母親做出那種沒有國家思想，沒有人格觀念，丟盡祖宗臉的事情來。她對母親亂出點子，現在才知道，她完全是為自己打算，希望母親舖好路，有機會她也一走了之。

可憐的靜雯，自己沒有主見，還以為是個聰明人，被兒女擺佈了還不自知？以她那種勤奮俐落的性格，在國外一定難施所長，一定是住得不舒服才會想到回來。如果她知道莉玲不希望她去住，不知道會有什麼樣的感想？

宋柏青不知不覺想念起太太來了，剛才在女婿面前表現得那麼滿不在乎，現在再也輕鬆不起來。他感到頭好重，他需要回家，他需要在床上躺一會，他需要……。他交代了一些事情，處理了一些業務，叫公司的老范把車開出來送他回家去。

當他掏出鎖匙開門的剎那，他的手頓了一下，他很不習慣用鎖匙開門，向來，他回家只要一按電鈴，太太幾乎都會候在門旁，就算她外出，除非不得以，一定會在他回家之前先回家。他的生活一板一眼，太太也跟著他一板一眼……。太太離去後，他早出晚歸，中午也在公司休息。家，變成了一個落腳的地方而已。

幾年前，宋柏青由公職轉到公司，他能得到這個獨當一面的職位，十分不容易，所以他十分珍惜，工作很認真，如果不是家庭發生變化，他是一個非常滿足的人。

這一年多來，他的情緒幾度變換，起初，他忿恨至極，繼而後悔不安，現在則已經心如止水了。他把全部精神體力放在工作上，用疲勞來麻醉自己，這是他由逆境中悟出來的自處方法。他甚至連應酬都盡量不參加，免得被親友問起。但是今天，他寧靜了的心湖又揚起了波濤……。他輕輕的推開門，屋裏一片寂靜，雖然今天回來得較早，他還是習慣性的順手把客廳的燈打開。穿過飯廳他已不再瞄飯桌一眼，明知飯桌空空，瞄來做什麼？往日太太在家，他回家飯菜已經擺好，只要脫掉上衣洗把臉就可以吃飯……。

他回到房裏衣服未脫就躺在床上，他的確疲倦，身心都疲倦。眼睛閉上是靜雯的影子，眼睛睜開仍然是靜雯的影子，今天怎麼老是靜雯的影子？真不該那麼衝動的，正所謂忍得一時之氣，省得百日之憂，如果那天不那麼衝動，等她回家再處置，一定不會弄得那麼僵。女兒叫他認錯，其實他心裏早就認錯了。靜雯只是無知，並非犯什麼大錯，剛才不該對女婿說得那麼絕，應該答應他們商量著辦的，道歉有什麼關係？認錯有什麼關係？只要她能回來，只要她能回來……。他霍然坐起，遲了，遲了，剛才已經拒絕了莉玲，難道又求她不成？提起她就有氣，絕不能去求她，否則她又會作怪。如果她知道我拒絕接她母親回家，不知道又會鬧什麼花樣？

宋柏青憂心忡忡的由房裏踱到客廳，又由客廳踱入廚房，中午沒有吃飯，肚子感覺餓了，打開冰箱，什麼東西都沒有，幾個罐頭還是太太買下來的。他嘆了口氣，一年多孤淒寂寞的歲月，也該夠償還那一巴掌了吧？肚子實在很餓，看看時間，也可以去吃飯了。他穿上衣服鎖上門，向對街那間飯店走去。他在那裏吃了一年多，晚餐都在那裏解決，算得上是老主顧。他有固定的食譜、牛肉飯、滑雞飯、叉燒飯、輪流著吃，外加一碟蠔油撈菜心。每次去，他不用吩咐，侍仔會通知廚房做出來。

吃完飯，照往例他會兜一個圈散散步才回家，今天，他沒有這個心情，飯菜也只吃了一半就拖著沉重的腳步回家去休息。

他掏出鎖匙，發現大門微開，他嚇了一跳，莫非遭小偷？莫非忘了鎖門？該不會那麼糊塗吧？他提高警覺，手還沒有碰著門，門已自動打開，莉玲夫婦雙雙站在面前，把他嚇了一跳，莉玲一臉笑容的上前一步：

「爸爸，你去那裏了？我下午打電話到你公司，他們說你早回來了，我們匆匆趕來，你又不在，幸好我帶了鎖匙，否則我們進不來。你去吃飯哪？」

宋柏青看見女兒，下意識的把臉一沉，逕自坐到沙發上，沒有理她。莉玲跟過去又甜甜的叫他一聲，他狠狠的瞪她一眼。不過女兒自動來妥協，他心底下卻是無限安慰：

「你來做什麼？」

莉玲在他身旁坐下，溫婉的說：

「媽媽下星期要回來了，我來幫你打掃房間，你看我們收拾得差不多了。」

宋柏青最恨她自作主張，什麼事都不徵求別人意見，要做就做。他不甘心再被她擺佈，冷冷的說：

「你媽媽回來不會住在這裏，你不必費心。」

莉玲一聽苗頭不對，眼光很快的射向丈夫，她丈夫已緊張的向後退了幾步，故意把眼光轉開看著牆上的畫，他不想參予這件事。莉玲恨恨的把眼光收回來，嬌聲的說：

「哎呀，爸爸，人家好不容易說動媽媽，我好心勸媽媽回來，你還生我的氣？沒良心。」

宋柏青看女兒說話太沒禮貌，懊悔以前疏於管教，才把她寵得不知天高地厚，現在懊悔已經太遲了。好在靜雯已經有了歸期，這是天大的喜訊。本想好好的教訓女兒一頓，看在她現在的表現，又收了回去，既然她有悔意，也就不為已甚了。莉玲看父親不說話，趕忙到廚房端一杯茶出來，恭恭敬敬的放在父親面前：

「爸爸，我帶來的茶葉，請你品嚐。」

瞧著女兒的舉動，宋柏青什麼火氣都沒有了。他喝了一口茶，心裏感慨萬千。忽然，他不安的望著女兒：

「你怎麼肯定你母親肯回來我這裏住呢？」

莉玲就猜到父親會不放心，胸有成竹的笑起來：

「你放心，去接媽媽的時候，我把所有親戚朋友都請去，我找一部巴士，浩浩蕩蕩，人一多，我把你和媽媽拉在一起，還怕媽媽不理你嗎？你只要偷偷的向媽媽道歉就好了，別說我不教你。」

宋柏青啼笑皆非的看著女兒說話的神態，事實上也只好如此了。無論如何總是自己錯，當初自己一時衝動當眾打了她，現在當眾道歉又何妨？……

主意拿定，心中泰然。只是他對女兒突然會轉變態度感到懷疑，莉玲不會無緣無故改變的？他忽然瞥一眼女婿，見他坐得遠遠的抿嘴而笑，不禁對他點頭嘉許，認為孺子可教也，果然拿出魄力來了。

何季凡看見岳父向他微微一笑，有點飄飄然，他由始至終一直注視他們父女的談話，他沒有料到會這麼輕鬆就解決了問題。來的時候他還替莉玲捏把冷汗，因為上午在岳父的辦公室裏，聽岳父說話的口氣，根本沒有絲毫轉彎的餘地，他回去才緊張的警告莉玲她父親的冷漠無情。莉玲被他一嚇，也緊張起來，所以才會低聲低氣的跑來討好父親，問題就那麼輕易解決了。他如釋重負的舒了口氣，同時也更佩服莉玲的辦事能力。

宋柏青送走了女兒女婿，關上門，屋裏不再靜寂，莉玲把笑聲和希望留了下來。他坐回那張沙發上，端起莉玲泡給他的茶。慢慢的啜著，把自己又投入沉思中……。

大雷雨

中午還是炎陽高照，下午忽然一場大雷雨，市區內到處積水，低窪地區災情更為嚴重。住在三樓公寓裏的唐亦甫老夫婦，家裏雖然不會淹水，但是陽台上的排水管來不及排出傾盆而下的大雨，雨水倒灌進客廳，頃刻間，水深寸許，把這對老夫婦嚇了一跳，兩人手忙腳亂的費了九牛二虎之力，弄到深夜，才把積水掃清，地板擦乾。老太太幾次催老伴去睡覺，老先生就是不放心：

「我去睡你還不是一個人弄，叫你留待明天再做你又不肯，你這麼固執累出病來我更麻煩，我陪你快些弄完算了，否則……。」

老太太直起腰，交一塊抹布給他擦椅腳，嘆口氣說：

「那麼你明天早上不要去晨運好不好？剛才電視上照出來到處淹水，交通幾乎癱瘓，就算水退了到處垃圾路也不好走，弄不好跌一交才划不來。我看你明天晚一點起床，補回今天的晚睡，好不好？」

「看吧！」

丈夫的牛脾氣她心裏有數，九成不會聽她的。

果然，第二天清晨，老先生仍然五點不到就起床，老太太仍然被他的盥洗聲吵醒，尤其是那幾聲雄壯的咳痰聲，非醒不可。老太太嘆口氣，像往常一樣，在床上躺了約莫半個鐘頭，等老先生料理完畢，晨運去了，她才慢吞吞的起來。

天氣非常好，昨天下午那場不速的大雷雨已經走得無影無蹤，她伸個懶腰，周身骨頭痠痛，昨天的確太累了，還是老頭子厲害，還可以去晨運，心裡卻是非常不放心。

東摸摸西抹抹轉眼過了七點，老太太弄好早餐、泡好茶，這才坐下來打開電視機，收看晨間新聞。通常這個時候老先生會帶著報紙回來，兩人邊吃邊談論著外面聽到的新聞，有時候她會搶先把丈夫說了一半的新聞說了出來，因為她剛剛已在電視上看到了，氣得老先生吹鬍子瞪眼睛，她則樂得哈哈大笑……。但是今天，新聞報告已完畢多時，還不見丈夫回來，莫非……？老太太滿腹狐疑，正納悶間，有人按電鈴，他帶有鑰匙，一向自己開門進來，這麼早，會是誰？對講幾裡傳出陌生人的聲音，原來是巷口開洗衣店的黃老闆，他來幹什麼？按開大門，焦急的等他上來，但見他和一位晨友神色凝重的邁上三樓，木木訥訥的直瞪著老太太：

「唐老太太，你家老先生出事了，已經送到醫院，你把房門鎖好，我們陪你去醫院看看……。」

訇然一聲比昨天下午的大雷雨更嚇人，老太太但覺眼睛一陣發黑，幸好把持住沒有倒下去。她定了會神，惶然的問來客：

「嚴重嗎？」

「好端端的自己倒下去，不是被車撞，大概不會嚴重吧，我們陪你去看看你就知道了。」

老太太微微的搖搖頭，喃喃自語般：

「不嚴重不會送醫院，沒想到這一天終於到來，昨天我就擔心他會太累，我已經叫他今早不要出去，他偏不聽，沒想到，……果然給我料到了，你們坐一會，我去收拾些東西。」

「要不要我們打個電話通知你的公子？」

老太太惘然的望他一眼，頓了一會，搖搖頭，一句話也不說，逕自向臥房走去。

黃老闆不安的盯著她，老太太過份的冷靜，出乎他們意料之外。

趕到醫院，老先生已送入手術室，幾位晨運的朋友圍上來，個個神色慌張：

「……剛才情況太危急，等不及你們來，只好先救人……。」

救人？老太太全身一顫，果然嚴重了。

面色泛白的老太太被人扶到椅子上坐下，這裡的朋友她幾乎都認識，以前她每天清晨都跟丈夫一塊去晨運，自從三年前那場大病後，她才不再出去，雖然那次病後她的身體反而更好，但是她的心境卻老得太快，對很多事情都看得太冷淡，特別是骨肉親情，她下定決心，不去想它，就不會煩它……。病了那一場，她才體會到健康的重要，病好後她曾感慨萬千的對老伴說：

「我們兩個以後都病不起了，萬一再有事，後果不敢想像，誰照顧誰？」

「當然是我照顧你呀，你這次病後復元得那麼快，不是我的功勞嗎？」

是你的功勞嗎？天曉得，她淒酸一笑，是老天爺可憐我呀……。唉，已經是三年前的往事了，沒想到三年後的今天，竟然真的又發生了事情，她又回到醫院來……。

老太太預感到不祥的事要發生了，緊張的問身旁陪著她的周奶奶：

「他有受傷嗎？昏迷了嗎？」

周奶奶住在她對面那層公寓，雖是晨運認識，但因是小同鄉，有一份他鄉遇故知的情誼，年紀相若，性情又極相投，很談得來，鄰居十年，已成通家之好。周奶奶的丈夫周教授已去世多年，與長子媳同住，她的兒媳均孝順，周奶奶老懷寬暢，因對唐家的情形十分了解，所以也對老太太的心境寄予同情。她緊握著唐老太太的手，戚然欲淚的搖搖頭：

「我想老先生是中風了，大家談得好好的，他還高高興興的描述昨天擋水的緊張情形，就這麼一彎腰，沒直起來，倒下去了。我們馬上送他來醫院，我請黃老闆先打電話叫我兒子來辦事，我怕他去上班了找不到人，再到你家去陪你來醫院，七十幾歲的人，怕的就是這種事，所以我們才趕緊送他來醫院……。」

老太太感激的點點頭，顫抖著把一個小皮包塞給周奶奶，惻然的說：

「這裡面有一些錢，還有圖章和存摺，儘管用，我心已亂，辦不了事，一切都拜託你了。」

周奶奶接過皮包，把老太太的手捏得更緊，情緒十分激動：

「你放心，一切有我們，大家都非常關心老先生，不管情況怎麼樣，你一定要先放寬心情，別焦急，剛才黃老闆說你不肯打電話通知你兒子，我看還是通知才對，這次事情嚴重，不管怎麼說……。」

老太太又一陣激動，勃然打斷周奶奶的勸告：

「不必告訴他們，有你們幫忙，我會應付得了。」

心緒已亂的老太太焦慮的頹坐著，心中仍擠滿恨意。她恨昨天下午那場大雷雨，兒媳們不但不來看看他們，連電話都不打一個來問問，電視上到處都是災情，他們居然連問都不問一聲，難怪他氣得中風。三年前她就下過決心，有事絕不再找他們，現在，更不必找他們，她再次下定決心……。忽然，老太太由熟悉的思緒中驚醒，她睜大眼睛，最擔心最害怕的情景竟然出現在眼前。為什麼？為什麼要折磨他？為什麼要在他喉嚨間開一刀？為什麼？為什麼？她頓足問蒼天……？只因她曾看過很多這種情景的親友，她第一個聯想到的就是殺雞。以前，很久很久以前，克難時期，那段克難的日子，為了一家人的營養，為了把孩子養得結實強壯，只有自己養雞。若干年來，她已殺過數不清的雞隻。殺雞的情景，脖子下一刀。當時也沒有什麼感受，更沒有什麼聯想，只知道那是應該做的一件事情。自從醫學發達，採用新的急救技術，親友中好些人都走過這條路。醫生們明知救了也是多餘，救活了，很多也成了植物人，但仍然會盡人事般的下那一刀。她對這種情況最反感，她怕看，從此不再殺雞，也不買殺好的全雞，她怕看那刀口……。

三年前她生了場大病，住院其間，感觸更深，觸目心驚的現象每日可見，當時她曾顫然的對丈夫說：

「我這次病得夠幸運，不必受割頸之刑，不過，以後萬一不幸遇上那種情況，千萬記住別救我，讓我平靜自然的過去，千萬別讓我挨那一刀，我不願帶著刀口離開這個世界。」

她萬萬沒想到，一向身體健壯相依為命的老伴，竟然會走上這條路，感同身受、悲痛欲絕。整個人麻木的呆望著她的老伴，她有預感，這是他最後一程了，只希望他能住到最好的病房，用最好的藥物，得到最好的照顧……。

周奶奶了解她的心意，找來幾位有辦法的晨友幫忙，果然如她心願住入頭等病房。

老太太感激不已，這些萍水相逢的朋友，沒有凡俗關係的牽連，沒有世俗利害的牽制，完全是一種人與人之間純真的友誼，這種友誼比親情更可靠、更可信賴……。

傍晚時分，老太太兩個兒子同時來到病房。

老太太明知兒子到來，卻連頭都沒有動一下，僵硬著脖子盯著護士抽痰。

年近半百的唐任奎站在護士後面看了一會，緊皺著眉頭轉身問母親：

「媽，怎麼會發生這種情形的？」

「……。」

「為什麼不馬上告訴我？如果不是周家打電話給我秘書，我還不知道爸爸發生事情……？」

個性浮躁的唐任豪馬上跟著埋怨：

「是呀，快下班的時候大哥打電話給我，還好我沒走，否則找不到我，我今晚有應酬。爸爸是怎麼被撞的？撞爸爸的人抓到了嗎？他應該負完全責任……。」

「任豪，你這麼大聲幹嘛？」

唐任豪不理會哥哥，看母親無反應，繼續信口開河：

「其實我想，爸爸自己一定也不對，最近常常報導早上散步的人被車子撞倒的事，爸爸就應該提高警覺才是，早上就不應該再出去散步，這下可好，出了事大家倒楣……。」

護士抽完痰，訝然的看他們一眼，慍然的說：

「老先生不是被車子撞的，是自己倒下去的。」

「什麼？自己倒下去？開什麼玩笑，誰看到的？現在正多沒有道德的人，撞了人開溜，不管人家死活，我不相信，是誰看到爸爸自己倒下去的？」

老太太已按捺不住怒火，憤然的瞪著兒子：

「是我親眼看到的，夠了吧？」

唐任豪失望的望著母親，又看看父親，疑惑的搖搖頭：

「真的是自己倒下去的？那，沒賠償了？怎麼會？怎麼會無緣無故……？」

「不是無緣無故，是昨天下午那場大雷雨，客廳進水，爸爸怕我太勞累，幫我清理，沒想到反把自己累成中風，你有應酬就趕快走，不必擔擱。」

唐任奎訝然的問母親：

「怎麼？三樓也會淹水？不可能呀？我以為只有低窪地區才會淹水呢。」

「那，我走了，今晚這頓飯很重要，非去不可，我還要回家去接翠華。大哥你沒事就留下來多陪陪媽媽，我明天再來……。」

唐任奎深深的吸口氣，他沒有弟弟洒脫，說走就走，他聽出母親生氣，不敢再問，也不想多問，反正淹水小事情，下雨天到處都會淹水的，今天公司裡事情特別多，還有事情等著他回去處理。剛才打電話回家，沒有人接，不知道桂月到那家打牌去了？自從兩個大的孩子出國後，她的麻將打得更兇，夫妻倆平時難得碰個頭，兩個小的兒女也不容易見到面，一個在服兵役，一個還在讀大學，每人都有自己的忙碌，他更是為他們的忙碌而忙碌。就連今天晚上父親生病住院，他也無法留下來多陪陪，腦海裡盡是公司的事情。父親的病看來很嚴重，他有點擔憂，心不在焉的小聲問母親：

「醫生怎麼說？」

「沒怎麼說，只有等，這裡沒事，你也可以回去。」

唐任奎愕然的看著母親，母親主動叫他走，他反而猶豫起來；護士又在抽痰，他有點不安。但想到公司裡的事情，還是要去處理一下才好。在這裡等，大家也是無事可做，那裡等都一樣，他站起來：

「那，媽媽你呢？你也可以回去休息，反正這裡有特別護士，交給她就好，我先送你回去……。」

「不必你送，要回去我自己會走。」

唐任奎無可奈何的在父親床前站一會，歉然的說：

「那，我走了，公司裡還有事情等著我去處理，我明天一早來，我回去會打電話告訴任中任芳他們。」

老太太仍然僵硬著脖子，眼睛一直盯著老先生，兒子不來她的心情還勉強可以平靜，兒子來過後她心緒卻再也無法安寧。三年前的舊怨霎時湧上心頭，那真是一次傷心的經歷，有生以來，七十二年來頭一次因為生病而住醫院，那場病來得莫名其妙，白天還打了十二圈牌，半夜裡忽然腹痛如絞，又發高燒，丈夫嚇得六神無主，三更半夜打電話給對門公寓的周奶奶。周奶奶的兒子叫來一一九急忙送到醫院，醫生說是急性腎臟炎，馬上住院治療。

由急診室轉入病房，丈夫已被她折騰得筋疲力盡。自己幾乎也倒下去，幸好有鄰居照顧，一面通知她兒子，一邊送他回家休息。

剛住院，兒媳們都來探望，兩三天後，就只有任奎下班的時候來轉一下，也只是逗留幾分鐘，例行的問幾句病情而已。她萬萬沒想到，歷經艱辛養育了五個都受了高等教育的兒女，到頭來，病床前連一個服侍陪伴的人都沒有。也許他們認為只要出錢給母親請個特別護士，再分攤一些醫藥費用，就什麼責任都沒有了。可憐那個老爸爸，一天幾趟醫院來回跑，餓了自己一個人在外頭吃碗麵或是帶個便當回去。幾個兒女沒有一個想到接父親去小住幾日，也沒有想到要幫父親料理一下家務，完全沒有人關心父親的生活，連鄰居朋友都不如。平時不用他們奉養，有了事情連勻點時間照顧父親的心意都沒有；她感到好傷心、好失望、好絕望……。

住了十天醫院，吃的是醫院的伙食，餐餐無法下嚥，又非吃不可。住的是三人一間的病房，請有特別護士，連想吃碗稀飯都難。丈夫泡茶都不會，怎麼叫他煮稀飯。也不能太痲煩鄰居，各家有各家的事，眼看著別人家開飯的時候家人送來的特別伙食，心裡很不是滋味。鄰床那位老太太，年紀比自己輕，福氣卻比她好，白天媳婦伺候，晚上兒子照顧，遇到星期天，孫兒們也來陪伴，把病房當客廳，一家人嘻嘻哈哈，笑得她好心煩。看著他們一鍋一鍋的東西提出提進，這個老太太怎吃得那麼多？那裡面到底裝些什麼東西？她越看越心酸、越想越傷心……。真正令她傷心的事還在後頭——

那天，兒媳又來看她，護士藉機去上一號。她閉目養神，聽見媳婦對兒子說：「……其實媽媽這種病不必請特別護士，請個阿巴桑就可以，護士一個鐘頭一百五十塊，一天要三千六百塊，搞不好住上一個月，光是護士費就要花上十萬元，如果請個阿巴桑，每天只要四五百塊就好，護士費就可省下一大筆開銷……。」

第二天，她堅持出院，從此下定決心，不管任何情況，都不再找他們……。

老太太沉浸在往事裡，往事又呈現在眼前。

剛才兒子說的勢利話，兒子表現的冷漠態度，三年前的情形又重新上演，她不要聽、不要看，巴不得他們通通不要來打擾她，她需要冷靜，絕對的冷靜！

護士又在抽痰，她憂心如焚！

夜已靜，換了大夜班護士，老先生昏睡依然。老太太坐在牆角椅子上，頭靠著牆壁休息。她身心俱憊，剛閉上眼，模糊中，有人拍她手背，她駭然驚醒，睜大眼睛，原來是周奶奶，心中稍鬆，卻已嚇出一身冷汗，一雙頹然的眼睛失神的望著周奶奶：

「這麼晚了，你還來做什麼？」

「我看你家燈沒亮，知道你還在醫院，我不放心，叫世文陪我走一趟，我接你回去休息，明天一早再來。」

老太太淒然的搖搖頭：

「我不會回去，我要陪他，萬一他要走，總不能沒有一個親人送行。」

周奶奶眼睛一陣酸澀，淚水在眼眶裡打轉：

「別這麼說嘛，難道你不希望他好？」

「到了這個光景，好不了啦，我也不指望他會好，只想他別走得那麼快，讓我多陪他幾天……。」

老太太說得很冷靜，周奶奶已忍不住飲泣起來。

「就是因為要陪他你自己才要多保重呀，萬一你先累垮，誰來照顧他？」

「垮就垮吧，也不會照顧太久了，有了這一刀，好不了的，倒是你們給我拖累了，這麼晚還放心不下我，叫我怎麼過意得去，世文，麻煩你趕快送你媽回去，別讓她再奔波，她若累倒，我倚靠誰？」

周世文激動的趨上前，弓著身，難過的說：

「唐伯母，我媽已經來了，你就跟她回去吧，洗個澡、睡一覺，調養好精神，往後勞神的日子還多呢！我明天一大早送你來，好不好……？」

老太太不住的搖頭，滿臉淒苦，心中更激動。

「……你如果還不放心，我先送你們回去，我再來陪唐伯伯，這你總該放心了吧？」

老太太十分感動的一把抓住世文的手，一直強忍著的眼淚終於涔涔而下：

「造孽，我真造孽，自己生的兒女沒一個在床前伺候，卻煩勞人家的兒子，害得你們全家不得安寧，我心裡好難過，快陪你媽回去，她若累倒我才罪過……。」

周奶奶早已了解她的脾氣，能不求人絕不求人，不愉快的事情咬咬牙齒過去。無奈何，只好嘆口氣拉著兒子回家去。

一路上，周世文牢騷滿腹：

「……沒見過那麼混帳的兒女，個個在社會上都是有頭有臉的人，年紀也都老大不小，居然對自己的父母這麼薄情寡義，等著瞧，就算不遭天打雷劈也會受報應，將來總有一天……。」

周奶奶嘆口氣，無限感觸的阻止兒子說下去：

「很多事情你根本不清楚，人家的短處我本來是不想說的，但……，唉，冰凍三尺非一日之寒，唐家的兒女固然不對，但他們做父母的也有不當的地方，當初，他們就是太寶貝孩子，從小不讓他們幫忙做家事，那怕自己再累，甚至生病也不要他們幫忙，家中經濟再困難也不讓他們知道，只要求他們把書讀好就夠。他們這種教導子女的方法，養成他們在家裡唯我獨尊，不懂得盡義務，沒有責任感，不會體恤父母，更別說孝順父母。習慣成自然，等到他們成家立業，也只是為自己打算，只會為妻兒安排，所有的努力成就，也只有妻兒可以享受，而為他們辛苦操勞的父母，到頭來還得不到點滴的回饋。人情世故都不懂，天性變得越來越涼薄。所以說，他們之所以對父母漠不關心，父母對他們從小的教導觀念很有影響，也可以說，今天這種狀況，是他們自己一手造成的……。」

周世文愕然的傾聽著，奇怪的問母親：

「這些事，媽媽怎麼會知道？」

「有一位常來打牌的陳奶奶，是他們的乾親家、老鄰居，所以什麼都知道。」

第二天，唐老先生的病情毫無變化，仍然昏昏大睡。

唐家高雄的么女，台中的兒子得到消息都趕來探問父親病情，因為都在上班，匆匆的又得趕回去。

早上，唐任奎已來探望過，中午他又來到病房，母親正在吃父親那份飯，他悄悄坐在母親身旁，沉重的說：

「我昨晚打遠洋電話給大弟，告訴他爸爸病重，他說最近太忙，一時無法回來，他說要到暑假才能全家回來渡假探親，我擔心到時可能會太晚，要不要現在就叫他回來？」

老太太默然的聽著，不置可否，似乎無動於中。

晨運的朋友絡繹的來打聽病情，臉上都掛著愁容，每天都見面的朋友，忽然看著他倒下去，憂慮的心情可知。

晚上，老太太顯得更疲倦，眼眶變黑了，聲音變弱了，但她仍堅持留在病房，除了上一號和打盹，她的視線不離開病床。似乎她對特別護士也不能完全放心。

第三天，老先生的病情仍無變化，仍然昏昏大睡，只是有點發燒，醫生表示不樂觀。

探病的人已較少，因為病房裡有電話，忙碌的兒女可以用電話探問病情，而晨友們則怕太打擾老太太，都只向周奶奶打聽了。老太太因而可以得到較安靜的休息。

傍晚時分，兒媳們剛走，周奶奶和另一位鄰居送來一些綠豆湯給老太太喝，順便陪她聊聊天，讓她開開心。

談得正起勁，忽然看見護士緊張的往外跑，轉瞬間，兩位護士推著急救車跑進來，緊跟著，醫生也衝了進來。

老太太驚駭萬分、面色驟變、悚然的瞪著他們，心中暗暗叫苦。

醫生護士圍著病床一陣忙碌，忽然有位護士用力朝老先生胸部一擊，老太太迅速一拳打回去，打中護士臂膀，護士一個踉蹌，嚇了一跳，但見老太太怒目瞪著她，同時大聲叱責：

「你幹嗎打他一拳？」

護士懵然被打，來不及答話，醫生已宣佈放棄救治了。

醫生一臉無奈的看著老太太幾秒鐘，搖搖頭，默然的退出去。

護士們默默的拔掉各種管子。

老先生微張著嘴，安祥的似乎睡得更沉寂，喉嚨那個洞用紗布蓋著，隱約可見。

老太太的兩臂被人緊捏著，捏得好緊，捏她的人更緊張。

忽然，老太太掙開被緊捏著的手肘，上前幾步，凝視了一會，猛然用手指朝老先生額頭一戳，恨恨的說：

「你呀，枉你活了七八十年，你看你走的樣子啊……？」

突來的舉動把大家嚇了一跳，忙攙她回椅子上坐下。

急救車推回去了，病房裡出奇的靜寂，老太太被重重的黑暗包圍著，無法自拔！

時間靜悄悄的溜走，另一部車推了進來，老先生被移上去，隨即往外推。

老太太木然的站起來跟在後頭，茫然的跟著走去，走上那條又冷又暗的長廊、長廊盡處，天上人間！

老太太被擋在那裡，她不能隨心所欲的跟他到天上，她只有無可奈何的被擋在人間。

一陣天旋地轉，大雷雨無情的向她襲來，她忽然感到好冷、好空虛，但覺胸口一緊，眼前一陣發黑，金星在面前飛舞，果然到另一個世界去了……。

老太太悠悠醒來時，已回到現實自己的家裏，周奶奶坐在她身旁，還有好幾位鄰居，大家都十分關切的圍著她，她被迫喝了一碗稀飯，神志漸漸清醒過來，感到好疲倦，病懨懨似的，一點力氣都沒有，比那天大雷雨過後清掃完畢更疲倦，她那異常冷靜的神態令人感到不安，周奶奶一旁勸慰她：

「……我們已經通知你的兒子了，可能很快就會來，從現在起，你聽我的話，把一切交給他們去辦，你不要再操心，自己保重要緊，千萬記住，不要再操心了……。」

老太太默然的點點頭，茫然的點點頭，她腦海裏一片空白，她不知道還要操什麼心？還有什麼心要她操？她以為一切都結束了，都完結了，世界上不會再有什麼事情與她有關聯了。她只想到那個世界，那個他剛剛去的世界，不知道是什麼樣子的一個世界？能看看嗎？她對那個世界關心、好奇……。

周奶奶不安的推推她：

「喂？你聽到我說的話嗎？等會你兒子來到，你交代幾句，我就把你接到我家去住幾天，換換環境比較好，我知道你不肯到你兒子家去住，不過往後日子長，你總不能永遠一個人住呀？總得……？」

周世文碰碰母親：

「媽，這個時候你說這些幹什麼？你還是讓唐伯母多休息一下，等會他們回來事情還多著呢！」

老太太仍舊茫然的點點頭，她不想碰那件煩人的事情，她只想著那個世界，能去看看就好……。忽然，她連最相知，最親近的周奶奶的聲音都不想聽，只想清靜的靜下來，一點聲音都沒有的靜下來，她才可以進入那個世界、那個有他的世界……。

不知道什麼時候，家裏擠了更多的人，她發現女兒靠在她身旁哭泣，她發覺兒媳們都回來了……。

老太太心緒又混亂起來，她一把拉著周奶奶的手，不讓她走：

「老奶奶，你好人做到底，你別走，反正你家有好媳婦，不必你回去做家事，你就再陪我一陣子，沒有你，我真不知道該如何是好。」

周奶奶原本不放心走，也不想走，又不能不走，人家兒女回來了，責任已完，留下來反而有多管閒事之嫌，於是慢吞吞的站起來，正想離去，聽老太太這麼一説，趁勢又坐下來。她瞥見陸續回來的唐家人，個個都頹然的擠坐在客廳裏，漠然的呆坐著，其間也會議論紛紜的商量事情，對父親的去世好像是意料中的事那麼平靜。沒有人想到要先設個靈堂，擺張供桌、掛張相片……。沒有人想到這幾天母親已心力交瘁，應該先安慰母親，讓母親休養恢復元氣……。忽然，老太太悲吼一聲：

「不准移。」

大家一扯，唐任奎怯怯的趨到母親面前，泫然的説：

「媽，爸爸的遺體要移到殯儀館才能辦事，那裏什麼都方便，而且……。」

老太太沒耐心聽他解釋，加重語氣再説一遍：

「我説不准動就是不准動，你們聽著，未經我許可，誰也不准移動。」

唐任豪皺著眉頭瞥母親一眼，覺得母親太沒知識：

「你說不准移動有什麼用？反正遲早也得移過去，總不能說在醫院太平間公祭大殮吧？」

老太太怒瞪他一眼：

「為什麼不能？」

「當然不能，那地方侷促，如果是在那裏，我不會去參加，那簡直……。」

唐任豪一向對母親不服氣，他成見已深，認為母親偏心。從小在家裏母親就重視溫順的大哥、縱容善辯的二哥、溺愛機靈的四弟，那個么妹更是心肝寶貝。他是兄弟中最不得寵的一個，所以他最敢頂撞母親。

「任豪，你什麼態度？」

唐任奎喝止弟弟的無理，但對母親的命令卻不知如何是好？他一向不會處理家務事，所以他一直不把與家庭有關的事放在心上，那是他從小被父母訓練出來的結果，因為他是唐家的長子，父母把所有的希望都寄託在他身上，要他做一個有魄力、有作為的人，一切均以事業為重。不要為家庭婆婆媽媽，因此做成他今日無心的過錯，只會全神貫注在事業上，連最基本做人處事的常識都不懂，不懂得對父母盡孝道，也不懂得有奉養父母的責任。他只會遵照當年父母要求他的方式，要求自己的兒女，盡量滿足他們的需求，讓他們得到最好的教育，同時千方百計把兩個大的孩子送到國外去，讓他們能出人頭地，等將來把兩個小的也送走，他的責任就完了。他就是這麼忙碌著，為他們忙碌著，就像當年父母為他忙碌一樣。在他的影響下，家人的感情有如一盤散沙，大家都習慣成自然，對親人的關懷也就冷漠了。

老太太已氣得發抖不能再說話，他們繼續討論下去：

「那些都是小事，遲早會解決的，爭來幹嗎？還是商量些實際問題要緊……。」

「……對，訃文怎麼寫？怎麼發？由誰負責？是不是決定在第一殯儀館？」

「當然在第一殯儀館，那還用說，而且一定要在景行廳，那才……。」

「……那現在就得馬上進行，景行廳聽說很難排得上，要有份量還得……。」

「……大哥是董事長、二哥是化工博士，又是海外學人，份量應該夠了，就是……。」

「……對了，還要決定土葬還是火葬……？」

「火葬簡單些，也比較節省，媽媽一定也不想花太多的錢。不過土葬比較隆重，如果把墓園做氣派一點，將來我們做子孫的去掃墓的時候也有面子……。」

老太太的面色已變得十分難看，她越聽越心煩，連周奶奶也聽得很不是味道，她無法再沉默，突然不顧一切的打斷他們的談話：

「不是我這個外人管閒事，我覺得你們這個時候不應該只談這些問題，你們應該先在家裡設個靈堂、供個靈位、早晚燒香先盡孝子之禮，親友來慰問的時候也有個行禮的地方，然後再商量其他的事情才對。」

大家愕然的望著周奶奶，空氣霎時凝固了，大家都不知道該怎麼辦？

面面相覷沒有行動。

老太太感激的捏捏周奶奶的手，正如她所想。沒料到兒子開口了，兒子帶點愧意的說：

「現在還未到時候，我們會在殯儀館舉行儀式，到時候我們會有所安排……。」

顯然，唐任奎聽不懂周奶奶所說的禮節，這種事誰也不會有經驗的，但已經活了一把年紀，起碼也該有點社會人情的認識吧？周奶奶啞然的望著他。

老太太想不到兒子會這麼不懂事，憤然的說：

「不用設靈堂，設來做什麼？他爸爸生前就沒有麻煩過他們，誰有空早晚燒香？莫給我添麻煩，不用設。」

「媽說得有道理，設個靈堂在家裏做什麼？什麼時代了還有這種迷信。把氣氛弄得悲悲慘慘的於事無補嘛，徒增困擾而已，多一事不如少一事，媽說得有道理。」

唐任豪精神渙散的漫應著，還以為自己說得多高明，這個年已不惑的兒子，說話完全不經過大腦，把母親刺得遍體鱗傷還渾然不知。

周奶奶很少看到這麼不懂規矩;沒有教養的人，個個都像個冷血動物，沒有人想到凡事要先徵求母親的意見，沒有人關心母親日後的生活，大家議論了半天也說不出個結論來。無奈他們的母親也是個性十分倔強的人，對兒女所有的不滿，都憋在心裏，她不說，兒女不得而知，母子間無形中築了道牆，永遠無法溝通，成見永遠存在，而且越陷越深。她不忍心看老朋友獨自悲苦，獨自煎熬，事到如今，她也不怕得罪人，於是把心一橫，再次激動的打斷他們的談話：

「……不為去世的人設靈堂，也該為活著的母親設想吧？你們商量了半天，究竟誰留下來陪母親？母親以後的生活怎麼安排？這些都是馬上要決定的事，你們父親已經走了，總不能讓母親一個人孤獨的住吧？不是我這個外人多管閒事，只因你們都太過粗心大意了……。」

唐任奎臉上一陣發熱，像小時候挨了父親一記耳光般的火辣。他迅速瞥太太一眼，太太正跟任中的老婆秋妹小聲的說話，這兩個難得見面的妯娌，會有什麼事情商量？她們似乎沒有聽到周奶奶的說話。他很快的把眼光轉向妹妹，就在這同時，唐任豪又開腔了，因為聲音高，惹得大家都注意他：

「小妹，你們當老師的可以請喪假，而且好像可以請十幾天，正好你留下來陪媽媽好了……。」

唐家么女遠嫁高雄，一年難得與父母見幾回面，原已隔閡，兼之秉承了母親的性格，不善流露感情，母女間早已沒有什麼貼心話好說。剛才靠著母親哭泣，也是觸景傷情而已。及至聽見周奶奶說話，心中有點感動，正想著解決之道，聽見哥哥說她，心裏一怔：

「不行呀，請喪假是可以，可是我還得跟學生補習功課，時間都排好了的。再說，我那大妞也要補習，我要弄飯給他們吃，所以，請兩三日是可以的，多就不行了。有大嫂嘛，她又不上班，大嫂搬回來陪媽媽最恰當……。」

唐家大媳婦桂月在牌桌上被拉出來，正無精打采，聽見說她，心裏一震，慌忙擋駕：

「……什麼？搬回來？怎麼可能？我那個家呢？這麼大幢房子，總不能……？」

「……既然大嫂不能搬回來陪媽媽，那媽媽就到任中家去住一陣子好了，媽媽以前不是說過很喜歡住台中嗎……？」

又是任豪在指揮，秋妹瞪他一眼，含蓄的笑笑：

「能接媽媽去台中住當然好，不過任中過兩天要去日本一趟，所以剛才商量，爸爸的喪禮最好半個月以後舉行，否則他趕不回來。他不在家，我已答應媽媽回澎湖住幾天陪陪她，所以……。」

「……半個月沒問題，現在還未商量出頭緒，二哥也要那個時候才趕得回來，這陣子，我們得好好策劃一下……。」

「……爸爸的老同學老同事還有不少，看看要不要弄個治喪委員會之類的……？」

大家又議論紛紛，把周奶奶的說話又岔開了，只有唐任奎心裏不安，他又瞥太太一眼，帶點愧怍的神色小聲徵求太太的同意：

「……那，我看我們是不是該接媽媽回去住幾天，等爸爸的喪事辦完，我們再看看該怎麼樣才……？」

兒子的話未說完，老太太已滿面怒容的站起來，面色灰白得可怕：

「不必為我操心，我不需要人陪，也不會到你們家去住，我自己的事我自會安排。我已累了幾天，需要休息，我到周家去打牌，你們不要再來煩我，等會你們走的時候記著幫我把門帶上。」

大家為之一震，愕然的望著母親，唐任奎更是驚惶失措的攔著遽然欲離去的母親：

「那爸爸的事怎麼辦？我們還……？」

老太太懍然的瞪他一眼：

「不必問我。」

說完掉頭拉著周老太太匆匆開門下樓而去，完全不理會兒女對她的叫喊！

在周家的門口，老太太停住了腳步，周奶奶訝然的望著她：

「怎麼不上去？」

「我不上去了，老先生剛過去，不方便到別人家裏的……。」

周奶奶一把拉著她往上走：

「我們家沒有這種迷信，人死了又不是得傳染病，你顧忌什麼？你這個人就是想得太多，我真不明白，你什麼事都為人家設想，街坊鄰里也處得十分好，怎麼會生了一群不懂事的兒女？」

老太太啞然長長的吸一口氣，頓覺萬箭穿心，頹然的跌坐在沙發上……。

回到自己的家，周奶奶所有的怨氣怒氣都攻上心頭，唐家人對她沒禮貌，連招呼都不打一個，她提的意見沒人理會，她對唐家沒有功勞也有苦勞，他們怎能如此目中無人？她越想越氣，不覺憤然的望著老太太：

「你也太好說話了，我叫他們設個靈堂你為什麼說不要？這那裏像個舉喪的人家？我知道那絕不是你的本意，你只是嘔氣而已，你何必理會他們，你心裏想的事儘管叫他們做，他們不做你就罵，罵不聽還可以打，看誰敢不聽？你什麼事都憋在心裏，光會生氣有什麼用？我看你是太懦弱了，你怕什麼？你又不吃他們，不靠他們，你怕什麼……？」

怕什麼？天？老太太心裏頓足：我大半生為他們而活，凡事都遷就他們，連睡覺做夢都擔心著他們的事，只因為他們的爸爸脾氣不好，為了家和萬事興，凡事能忍則忍，能瞞則瞞，只要不讓他生氣就好。我何嘗怕事？只是不想多事而已。以前我是怕，我怕他生兒女的氣，現在他走了，我還怕什麼？我怕什麼……？

老太太呆呆的坐著，暗自神傷！

周家媳婦端來兩碗蓮子粥，是專為老太太熬的。她笑吟吟的坐在婆婆身旁：

「媽，你是要安慰人家的，怎麼自己倒生起氣來了？」

老太太吃著別人媳婦孝敬的東西，心裏很不是滋味，她也不知道怎麼會把兒女教導成這個樣子？反正她這一生是苦定了。甜甜的蓮子粥，比苦藥還難入口。

看著一臉淒苦的老朋友，周奶奶被媳婦提醒，自知失言，連忙轉變話題：

「你剛才走開是對的，不要再管那些事，放手讓他們去處理，你放鬆心情在我這裏靜養幾日，如果你真想摸幾圈，電話一撥馬上有人來陪你，不過我看你精神還是不濟，調養幾天再說好了。」

「心亂如麻那有心情打牌，我剛才是給他們氣昏了才這麼說的，我不想給他們看見我被氣死，所以才跑出來。今生今世，我是再也沒有心情打牌了。」

「也不必這麼消極，熬過這陣子就好，我是過來人，我知道你現在的心情，人活百年終是死，樹長千年劈柴燒，看開了什麼事也沒有，你現在最好是什麼事都不要想……。」

「什麼事都未辦，怎能不想？」

「你剛才不是說不必問你了嗎？你讓他們去辦就好，你還想什麼？」

老太太閉上眼，搖搖頭，不再說話。滿腦袋的事情，怎能不想？很快的她又陷入迷茫困惑裏……。

「你們家的燈沒亮，你家裏沒有人呢！」

周家媳婦站在對著街的窗前說話，原來已經天黑了，老太太心頭一顫：

「這麼晚了？我該回去了……。」

「你回去做什麼？既然沒有人，你更不要回去，說得好好的你在我這裏住幾天，等世文回來，我叫他去你家拿些換洗的過來就好，你一個人回去做什麼？」

「以後永遠都是我一個人，難道永遠都不回家？」

老太太慘然一笑，站起來去開門，周奶奶知道無法留住她，只好又送她回去。

打開門，一屋子陰冷淒涼，隱約留下淡淡的煙味，和幾個喝過的茶杯，不知道等誰來收拾。周奶奶看在眼裏，越來越覺得老太太教導無方，太縱容他們，現在，已無藥可救了。

老太太默默的收拾一切，這是她唯一可以苟延殘喘的地方，人死了，似乎連家具地板牆壁，一切可以看得見的都死了。死了也好，不必再擔心什麼。她堅持不要周奶奶留下來陪她：

「我太累，需要好好的睡一覺，一切事情都留待明天再商量，睡一覺，明天才有精神……。」

周奶奶無可奈何的離去，老太太迅速關好門窗，對著一屋的寂靜，忍不住放聲痛哭起來。一個人，無所顧忌，幾日來的抑制，幾十年來的積鬱，一下都傾瀉出來，哭吧！痛痛快快的哭吧！哭累了，也睡著了。半夜裏醒來，屋裏靜得可怕，她開了幾個房間的燈，想找尋些什麼，卻什麼也找不著。她定了會神，把思想拉回來，重新過濾，這才想起很多事情、很多要辦要處理的事情。老伴已經走了，從此以後，她已無所顧慮，也不必擔心其他事情，不能再懦弱，想做的事就做，怕什麼？周奶奶的話提醒了她，她心裏有了決定……。

天剛亮，她把自己收拾得整整齊齊，鎖上門，悄悄的出去，盡量不讓鄰居看到，特別是對面的周家。

中午時分，她拖著一身的疲憊回到家裏，剛坐定，周奶奶已在門外叫起來，老太太隨即去開門：

「我在樓上看到你回來，你一大早去那裏了？怎不叫我一聲，讓我陪你去。你出去做什麼？到現在才回來，我們大家都擔心死了……。」

老太太躺在沙發上，閉上眼，廢然的搖搖頭。

看她那一臉疲倦頹喪的神色，周奶奶也不多問，平安回來就好。

電話鈴聲大作，老太太睜開眼，示意不要去接，回房裏拿個枕頭壓著電話機，怫然的說：

「由它響，他們以為我去打牌不在家，就不會來煩我。」

周奶奶不以為然的搖搖頭，她不讚同老太太這種處理事情的方法，逃避問題不能解決問題，特別是對自己的兒女。她不了解老太太為什麼要這樣做？

「也許不是你的兒女，也許是別人找你們有事情……。」

老太太仍舊閉上眼，搖搖頭，不願說話。

街坊鄰里以及晨運的朋友都來慰問，大家見面，忍不住欷歔一番，朝夕見面的朋友，突然逝去，能不感傷？

周奶奶負責招待，蒼涼的家總算有點溫暖。

晚飯時分，留下來的仍然是周家的人，周家媳婦把飯菜端過來大家一塊吃，老太太十分感動，端起飯碗，感慨萬千，淚水拌著飯粒一齊扒入口裏。等情緒安靜下來，才把早上出去辦的事說了一遍，同時把自己的決定告訴他們。把周家人嚇了一跳，周世文更感不可思議、惶然的說：

「這不好吧，這麼做他們準會罵我，我不敢，而且也不能這麼草率，唐伯伯生前未享富貴，死後享受點榮哀也是應該的，這是大事，不能意氣用事，千萬不能……。」

老太太表情木然，斬釘截鐵而聲音平靜的瞥他一眼：

「我今早之所以不請你們陪同，就是怕你們會阻撓，所以我才自己一個人去辦事，這件事我已經決定這麼做了，我不會再改變。你們如果認為幫忙有所不便，我絕不勉強，我另找別人幫忙好了……。」

周奶奶驚訝的瞪著她，很久才說出話來：

「不可以不可以，你這麼做又有點過份了，悖理的事做不得，不管怎麼說，他們都是你的兒女，應該……。」

老太太咬緊牙，不斷的搖頭，似乎已經不耐煩，表情十分痛苦。周奶奶看在眼裏，百感交集，心一軟，馬上又改變態度，毅然的對兒子說：

「既然這麼堅決，就照唐伯母的吩咐辦吧，明天就進行，晨友們由我通知，加上幾位有來往的鄰居，有我們送，唐伯伯也不會太寂寞。」

「那就一切拜託了，有世文幫忙，我才能安心，事情會做得圓滿些，否則……。」

事情決定後，老太太反而傷感的飲泣起來，哽咽著說不下去。周奶奶也陪著流淚，忽然，她又氣憤起來：

「快點辦完也好，拖下去，只會把人拖垮，人死了什麼都不知道，讓活著的人安心才是正理。就這麼辦吧，她的兒女不順她，我們做朋友的總該為她著想……。」

周奶奶一邊說一邊想到那幾個不尊重她的唐家人，不由得又心頭冒火，給他們點教訓也好，讓他們嚐嚐目中無人的滋味，也讓他們知道做母親的權威。

唐老先生去世的第五天，一大早，二十幾位相知的老朋友，陪著唐老太太在醫院的太平間，莊嚴慎重的向唐老先生作最後的祭奠。

哀樂聲中，肝腸寸斷，老太太強自鎮定，行禮如儀。

禮畢，隨即送到火葬場，朋友們都不主張老太太去，免得她再受折磨。老太太無論如何都不接受勸告，堅持非去不可。

喉嚨沙啞，聲音微弱，老太太困難的說明原因：

「我去，不是為送他，是為你們各位設想，我不希望我的子女還怒於人，一切我親自處理，凡事我自己擔當……。」

知子莫若母，老太太已看得太透徹！

陪伴的太太們多已泣不成聲，男士們個個神色凝重、欷歔嘆息之聲不絕。老太太強忍著悲痛，僵直的被攙扶著跟在靈柩後頭，緊咬著嘴唇，緊鎖著眉頭，當老先生的靈柩送進火化爐的霎那，心中大慟，再也無法堅強，遽然昏了過去。

當天下午，仍然是幾位老朋友陪伴著，唐老太太又回到火葬場收老伴的骨灰。

爐門開處，一付白骨推出來。

老太太又是一慟，幾十年患難夫妻，共同熬過多少辛酸歲月，相互扶持走過漫長的人生旅途，誰料到了相依為命的時候，卻空餘白骨一副……。

她已負荷過多的哀傷，她已無力支持沉重的身體，兩腳一軟，好在有人扶持著，沒有再倒下去。

撿骨的先生嚴肅的把骨灰朝大理石罈放進去，放了一部份停下來，拿支木棒朝裏面搗。悲痛欲絕的老太太忽然一震，整個身子向前傾，驚叫起來：

「不許搗，你要幹嘛？」

撿骨的先生被她嚇了一跳，停下來瞪著她。老太太激動的顫抖著：

「他死得夠可憐，生前莫名其妙的挨一刀，死後燒成灰還要被搗，你們安的什麼心哪？」

撿骨先生一副無可奈何的神情，帶點困惑的說：

「不搗裝不下。」

「那為什麼不拿大點的骨罈？」

「這是規格，我也不清楚，反正大家都是這樣子裝，也沒聽有人抱怨過……。」

老太太情緒太激動，大家以為她神智混亂，強扶她到一旁休息。受老太太的影響，幾位陪來的朋友也激動起來：

「規格？什麼規格？誰訂的規格？明明是裝不下，還說是規格……？」

「……這分明是削足適履嘛……。」

「……是呀，叫訂規格的人自己燒成灰裝裝看，就知道該怎麼訂規格了……。」

「……我看過好幾次撿骨灰，都是這個樣子撿的，也許骨灰該搗也不一定，有很多道理我們都不知道的，這種事，還是少說為妙……。」

「對，這種事一定有道理，不知道的少開口……。」

各有謬論，反正大家的心情都不好，發幾句牢騷也沒有人會見怪。

離開火葬場的時候，天已轉暗，遠處隱約傳來雷聲，天邊擠滿黑雲，大雷雨似乎又要來臨。最近午後經常都有雷陣雨，大家動作加速，匆匆向安置骨灰的青雲寺趕去。

唐老先生骨灰安好的次日，老太太在家裏安了個神位，這是幾位老朋友一致的建議。認為人死升天為神，安個神位，敬神如神在，老太太的心靈才能有所寄托，對日後的精神生活會有幫助。

老太太從善如流，安了神位，果然心安理得多了。

幾位悠閒的朋友天天都來陪她，反正他們也寂寞，寂寞人陪傷心人，心境更能溝通。

唐家兄弟這幾天電話頻繁，都是商量辦父親的後事，他們打過幾次電話回家給母親，沒有人接，母親一定仍在朋友家。母親一向有自己的朋友，有自己的生活，只要有朋友作伴，精神有寄託，他們也就安心了。再說母親對很多事都不懂，因此所決定的事情也就沒有問她，問了也是多餘，這是唐家人的看法，一致認為能不麻煩母親最好。

唐任奎公司裏有的是辦事跑腿的人，他只要吩咐一句，事情自有人做妥，不需要他親自操心處理……。

唐家喪事理所當然的由大哥負責，弟妹們自然都不必操心。

這天，訃文已經印好，唐任奎打了個電話給任豪，叫他過去商量發訃文的事，同時一塊回母親家看看。一向，他都很怕單獨回去，他怕單獨面對母親。從小，他就害怕母親那雙嚴峻的眼神，那雙監視他又強迫他的眼神，現在年紀已大，仍然抹不去這層陰影。

唐任豪抱了疊訃文回到母親家裏，唐任奎跟在後頭。這天是頭七，老太太備了三牲祭祀，家裏已來了好多客人。兩個兒子同時出現，周奶奶驟然緊張起來，一時還弄不清楚該為誰揑一把冷汗，只知道有事情要發生了……。

唐任奎一進門瞥見很多人，供桌上香煙繚繞，牆上掛一張父親放大的相片，心裏一顫，愕然的一下轉不過來，還未想到該怎麼辦？愕住了。

唐任豪似乎懵然不覺，他只淡淡的瞥大家一眼，把訃文送到母親的面前：

「媽，訃文已經印好，訂在二十四號，是景行廳，上午九點公祭，剛才我們已發了一部份，你看爸爸的朋友要寄給誰？你把地址找出來，我們才好寫。還有你這裏的鄰居要不要發幾張？要不要……？」

所有的朋友都屏息靜氣，疑惑的瞪著他們，擔心大雷雨又要降臨……。

這兩天，老太太的情緒原已十分不穩定，骨灰厝好的當晚，她整夜無法合眼，心情複雜得無以復加。還以為從此可以一了百了，沒想到反而更為不安起來。雖然不斷的有朋友安慰陪伴，卻難填內心的空虛。長久以來一直排斥的兒子們，忽然思慮起他們來……。儘管她不願承認自己的做法有點悖理，卻又多少有點後悔，聽見兒子回來，心頭一顫，不等兒子說完，強作冷靜的連頭都沒有動一下：

「爸爸已經火葬了，骨灰也厝好了，不必你們再操心。」

這真是晴天霹靂，唐任奎臉色一下變灰，比公司遭受退貨更令他震驚，驚得他全身發抖，不由自主的倒退幾步跌坐在沙發裏，眼睛盯著母親，不知所措。

唐任豪這一驚也非同小可，他不相信會有這種事情，驚異而迅速的瞥大家一眼，這個他一向不放在心裏的母親，怎麼會做出這種事情來？一激動，他又發起性來，脹紅著臉對母親大吼：

「什麼？火葬了？你說爸爸已經火葬了？媽，你開什麼玩笑？你瘋啦……？」

老太太原已有點內疚，兒子的無理又把她激怒起來，一時怒極站起來伸手向兒子摑去，摑不著兒子，自己幾乎跌倒，幸好有人把她扶回椅子上坐下，她臉色發青，聲音發抖：

「你爸爸死了，也火葬了，這不是玩笑，沒有人敢開這種玩笑，我說的都是事實，話已說完，你給我出去，我……。」

唐任豪活到這麼大，母親還是頭一次對他這麼兇，事情來得太突然，他無法接受這種事實，的確是氣昏了頭，氣得不去弄清楚原因，就憤而把胸前抱著的訃文朝地上一擲，轉身就走。

唐任奎已感到事態嚴重，驚駭中，一把攔住弟弟，用從未有過的口氣叱他：

「任豪，站住，不准走，把東西撿起來！」

他把弟弟推到母親面前，自己把訃文撿起來，惶然的坐在母親身旁，一臉痛苦的問母親：

「媽？真的嗎？爸爸真的火葬了嗎？」

老太太淒然的點點頭。

「媽？為什麼？你為什麼要這樣做？我要知道你為什麼要這樣做？

媽……？」

唐任奎已激動得喉嚨梗塞，說不下去，掏出手帕掩面哭起來。

老太太愕然的看著兒子，她似乎不知道兒子會哭，小時候這個兒子雖然不曾讓她操心過，但長大後卻也沒有讓她開心順心過。印象中，這個兒子是石頭，一塊沒有感情的石頭，石頭怎麼會哭？她有點惘然，有點困惑，一時竟答不上話來。

盛怒中的唐任豪看見大哥哭，很感意外，有點難過，也有點驚慌，佛然向四周掃一眼，似有所悟：

「大哥，我看這件事有人搗鬼，報紙上常常看到殯儀社不擇手段搶生意的事件，我想一定有人介紹，介紹的人有好處，所以才……。是誰出的主意，否則，媽媽絕對不會做出這種荒謬的事情來……。」

老太太大喝一聲：

「閉上你的嘴，不准你胡說八道，難道你真想活活把我氣死不成？」

母親光火，九成猜對了。唐任豪狠狠瞪周奶奶一眼，那天就是她多嘴，九成是她：

「我說的絕對沒錯，如果不是有三姑六婆從中挑撥，媽媽絕對不會做出這種事情……。」

「畜牲，你這個畜牲，你真要把我氣死才罷休……？」

老太太激動的昂起頭，歉然的望著已經沉不住氣的周奶奶：

「……你現在知道了吧？你知道我那天為什麼不和你們商量，不要你們陪伴，單獨一個人去辦事的原因了？就是擔心他們會遷怒你們，現在你該明白了吧……？」

老太太又轉頭怒向兒子：

「這件事由頭到尾我一個人處理，朋友只不過是陪伴我，幫助我，與任何人都無關。我活到七八十歲，自信不是個容易受人挑撥的人。尤其是這種事，誰敢挑撥？誰能挑撥？你們不必含血噴人。爸爸的後事如此，我將來的身後事也如此，我自己會預先安排好，不需要你們操心，這裏已經沒有你們的事情，你們可以走了。」

唐任豪這次是真的震驚了，驚嚇加上慚愧，他頹然的低下頭，真想溜掉算了。只是這次他不敢，一向，他都是想說就說，想罵就罵的，這下他可嚐到不知所措的滋味了……。

唐任奎從來沒有見過母親這麼生氣，他只知道母親是一個嚴謹的人，但也是一個隨和的人。在他印象中，母親從不和父親爭吵，也很少叱責兒女，對父親沒有需求，對兒女沒有要求，母親說她唯一的希望是要他們努力讀書，力爭上游，她就心滿意足。他一直依照母親的指示去做，也都做到了，為什麼母親今天會做出令他難堪的事？為什麼？為什麼？他惶然不解的望著母親：

「媽？為什麼？我沒有遷怒人，我只想知道你為什麼要這樣做？媽？為什麼？」

老太太心已碎，說不出話，搖搖頭，只能痛苦的搖搖頭。唐任奎看母親不理他，他的情緒已經十分激動，忽然昂起頭望著周奶奶，淒聲的問：

「周伯母，你一定知道原因的，我想知道我母親為什麼要這樣做？為什麼？」

原已憤慨的周奶奶，正想不顧一切訓他們一頓，這下又心軟下來，心中無限感慨：

「你不問，我都想說了，我是非常希望你們能知道原因，也希望以後你們還有彌補的機會。你母親對你們不滿，不是一朝一日的事，冰凍三尺，非一日之寒。遠的不說，就拿剛才的情形來說吧，那有兒子用這種惡劣態度對母親說話的……？」

唐任豪一怔，臉上一陣火熱。

「再看看這幾天你們冷漠和不懂禮數的表現，就知道你們母親為什麼要這樣做了……。」

兩個兒子懵然的瞥她一眼，臉上掛滿疑問。

「……父親去世是大變故，你們回來表現得太令母親失望。沒有人為母親設想，沒有人安慰傷心欲絕的母親；對父親的喪事談來談去都是面子問題。父親剛過世，沒有一個人願意留下來陪母親，忍心讓七十幾歲的老母親孤零零的待在家裏對著一屋的淒涼寂寞……。」

唐任奎抬起頭戚然的望著周奶奶：

「媽媽不是到你家去打牌嗎……？」

「……你真的那麼相信母親在這個時候會去打牌？對年邁的母親你就那麼放心嗎……？」

唐任奎愧然的又低下頭。

「……我看你們母親是心力交瘁失望至極，才決定這麼做，我們做朋友的也不贊成她這麼違情悖理，也曾勸阻她，無奈你母親心已死，她堅持，我們也莫可奈何……。」

「既然是朋友，就應該在火葬之前，先告訴我們，讓我們有所防範，也不會……。」

周奶奶眼睛瞪著這個冥頑不靈的唐任豪：

「你是說，今天造成這種情況，完全是我們做鄰居做朋友的過錯……？」

唐任豪答不上話，心中仍然不滿，悻然的把頭移開。

周奶奶既失望也傷感，火氣又攻上心頭，把一再勉強自己保留的話，還是說了出來：

「我覺得你們母親太可憐，由老伴住院到去世，沒有離開病房一步，一連幾個晚上，憂心如焚枯坐待天明。兒子媳婦一大群，沒有一個在旁陪伴，沒有一個分憂代勞。兒孫滿堂又有何用？到頭來還是孤苦老人對著垂死的病人。那幾天你們母親所受的煎熬，你們有沒有想像過？你們父親去世後，她更是面對一屋淒酸孤寂，你們做兒子的有沒有想過這幾天母親是怎麼過的？像你們這種兒子，要來何用？出殯的時候風光風光嗎？做個大墓園讓子孫體面嗎？虧你們說得出口。你們做兒子的尚且如此沒心肝，難怪媳婦個個不懂孝道。你們也有兒女，也會老，看看你們將來怎麼報應……。」

周奶奶越說越激動，聲音越說越高，她沒有留意唐任奎已泣不成聲，忽然他一個轉身，跪倒在母親面前，伏在母親膝上，痛哭起來。老太太嚇了一跳，低頭看著這個窩囊的兒子，兒子頭上竟然有不少白髮，心中一慟，抱著兒子的頭也痛哭起來。

唐任奎哭了一會，斷斷續續的說：

「媽，我錯了，我一直把心思放在事業上，這幾年生意不好做，煩惱事更多，我完全沒有想到這些事。媽，我錯了，請你不要再生氣，我搬來陪你，我今天就搬回來，以後我就住在這裏。媽，我以後永遠陪著你，你不要再生氣，好不好……？」

說著又哭起來。老太太更加驚愕，這個窩囊的兒子，怎會說出這種話？拉起兒子，接過朋友遞給她的毛巾，交給兒子，酸楚而疑惑的問兒子：

「你這麼快就決定嗎？不回去和老婆商量過，問過，才決定嗎？」

老太太說話的同時，閃過那天兒子要接她回去住而先徵求老婆同意的情景。如果那天他不那麼窩囊，她也不會生那麼大的氣，也許就不會做出這件悖理的事……。她甩甩頭，不願多想。

「不必問她，反正我們平時也少碰面，我公司的事情她從不過問，一天到晚只知道打牌，要不然就到國外去看兒子，錢是我賺的，我不怕她。媽不用擔心，我自有辦法。」

兒子幾句話，掃清老母親多年來的積鬱。

在坐的朋友，個個欷歔，掏出手帕來，擦的都是欣慰的眼淚。

經過這場風暴，母子倆頭一次交心了。

唐任奎情緒慢慢穩定下來，聽見有人說他弟弟走了，這才注意到弟弟果然不見了。老太太一怔，激動過後，頭有點痛，悻悻的說：

「這個該死的東西，走也不說一聲，太過份了……。」

唐任奎的頭也有點痛，淡淡的解釋：

「任豪就是脾氣壞，所以工作一直不順當，沒關係，以後我不那麼隨便給他錢，要他先改好脾氣，他會聽的，媽不用操心，我有辦法的……。」

老太太感到十分詫異，這個兒子真的那麼有辦法？

「那麼你們印發的訃文呢？你也有辦法解決嗎？我有點不明白，人沒有送過去，場地怎麼訂的？」

唐任奎愕然的看著陳老伯，喃喃的說：

「這？我也不大清楚，訃文是張秘書負責，場地是朱科長接頭，怎麼個情形，我也不大清楚。」

「我看你一定要好好弄清楚，莫擺烏龍才好。這種事，你怎能不親自辦理？怎能假手於人？怎能……？」

「好了，人家已經頭痛了，你還趁機打……。」

朱鄉長本來想說打落水狗，好在及時住口。這幾位老朋友平時在唐家隨便慣了，說話也就無拘無束。陳伯伯又關切的問唐任奎：

「你父親已經火葬了，你打算怎麼處理這個問題？」

唐任奎想了一會，從容的說：

「沒關係，我們改開追悼會，發了訃文也可以更正，就說遵照母親的指示就好。」

老太太雖然頭痛，但精神卻從未有這麼爽快過，幾位朋友幫著她張羅頭七拜祭之事。

唐任奎打了幾個電話交待事情，自己仍然留下來，想幫忙母親張羅拜祭，卻什麼忙也幫不上。對這些事，他的確一竅不通。他眼睛盯著牆上父親的照片，父親什麼時候照過這張相片？父親有過這種笑容嗎？他有點慚愧，楞楞的直盯著父親的照片出神……。

已經到了下午，太陽開始偏西，天上無雲，晴空萬里，看來今天下午不會再有大雷雨了。

相親

一大早，許以明興沖沖的提了菜籃上菜場，東挑西選，都是兒子喜歡吃的菜，外加啤酒汽水，兩手提得滿滿的。回到家裏，馬上開始工作，先煲下湯，那是老妻生前的習慣，老妻是廣東人，注重飲食，經常煲各種湯給兒子吃，兒子已經吃成習慣了。所以每次回來之前，兒子都會先通知一聲，其實是要他煲湯等候。另外，他又滷了一大盤鴨頭雞腳之類的，好讓兒子晚上一邊看錄影帶聽音樂，一邊喝啤酒啃骨頭。把一切料理妥當，已快到中午。想到早上的花未澆，兒子房間的床未鋪，剛坐下一支煙未抽完，他又匆匆轉到兒子房間裏，把櫃裏的棉被枕頭拿出去曬太陽。雖然上次兒子走了之後已經洗乾淨才收起來的，到現在又有好幾個月了，最近雨水多，霉味一定很重，要曬過才好睡。當他拿塊抹布正打算去擦唱機的時候，兒子回來了。一進門，就聽到他那洪鐘般的聲音：

「爸，我在日本打來的電報收到了嗎？」

「收到了。」

「湯煲好了嗎？」

「煲好啦！」

「唔！好極了，這袋東西是我精心挑選孝敬您的，您慢慢的接收吧？最好不要送人，留來自己享受……。」

外型有點像趙樹海的許順生手裏提著兩個沉甸甸的手提袋，把一個送到父親房裏，然後回自己房間換上睡褲，穿上拖鞋，到廚房裏連湯帶肉的盛了一大碗，對著父親狼吞虎嚥，其實他並不餓，還相當飽，飛機上的餐點很豐富，他是故意吃給父親看的。

許以明看見兒子吃得津津有味，說不出是安慰還是難過，千言萬語一下又湧上心頭，急切的問：

「你這次回來打算住幾日？」

許順生心事重重，聲音卻出奇的平淡：

「我在換船，這次會住久一點。」

「換船？換什麼船？離開就算了，求之不得，還換什麼船？找份上下班的工作，娶個老婆，安安份份的做人。」

看見父親嚴肅的神情，許順生故意格格的笑起來：

「安安份份的做人？聽爸的口氣，我好像是個江洋大盜，或是個走私販毒的私梟似的。」

「你少跟我打哈哈，你跟我聽著，這次回來無論如何也得找個老婆把這個家挑起來，否則我以後……。」

「我知道我知道，我回來還不到五分鐘呢，爸爸就緊迫釘人了。我這次換了船要兩年才能回來一次，我會先安排好一切問題，爸放心好了。」

許以明本來想說以後不管這個家了，沒想到先被兒子的話嚇住，訝然的瞪著他：

「為什麼要兩年才能回來？」

「我想多賺點錢，走歐洲航線才能……。」

「你少拿賺錢做借口，要賺錢難道非要上船不可？」

「每個人都有自己的理想抱負，我喜歡航海，我志在……。」

「剛剛才說為了賺錢，現在又說喜歡航海，你的理想是什麼？就是那一百萬嗎？你的抱負又是什麼？出口氣嗎？沒出息，就為了賭這口氣，把自己放逐在海上，晒得又黑又粗的磨折自己，如果現在你媽還活著看到你著付德性，準會再氣死一次，難道……。」

提起母親，許順生心裏一沉，當初的確是為了拿不出一大筆聘金才賭氣上船，決心賺一百萬回來出口怨氣。現在事過境遷，還提它做什麼？倒是母親突然得了急病去世，不知道與自己的婚事和上船有沒有關係？總之，婚事告吹，他上了船，母親去世，三件事一連串發生，他心裏感到非常不安。因為對母親的去世有點愧疚，對父親就特別關懷孝順，這次趁換船的機會，想先了一件心願，因為時機尚未成熟，還不能說，不免感慨的望著父親：

「爸，別一回來就訓人，總之我這次會住久一點，出去之前會先把爸爸的生活安排妥當，讓爸爸晚年過得愉快，我在外面工作才能安心，對媽媽也有個交代。」

許以明接過兒子遞給他的煙，猛吸一口，倏然想起以前兒子提過的謬論，莫非又想……？忽然滿腹猜疑：

「你是說，你打算結了婚再出去？」

許順生機警的把話鋒轉開：

「反正我上船之前會讓爸爸先放下心事，保證爸爸以後的生活有人照顧就是。」

「你那麼有把握？」

「只要有錢，問題就好解決，我擔心的是這麼匆促決定的事，大家沒有感情，以後會有問題。」

許以明懵然的順著兒子的口氣說下去：

「你是說聘金？不見得每個女人都會要的，如果對方提出，那也是人家的風俗，我們現在已拿得出來，不要再把上次的事掛在心上。再說婚姻講緣份，見了面就會有感情，我和你媽結婚之前也只見過兩次面，不是也共同生活了大半輩子？感情是靠培養的，你自己先要有結婚的誠意，一切才好辦。」

許順生越聽越對頭，趕緊煞車不再討論下去，滿意的套牢父親：

「難得爸爸有這種觀念，一切好辦。OK，您最近有沒有到乾媽家打牌？」

「沒有。」

「沒有？為什麼？」

「為什麼？還不是為沒有人看家，最近小偷太猖狂，巷口王家租給一對新婚夫婦，小倆口節儉了幾年才能結婚，結婚不到三個月遭小偷大搬家，東西全是分期付款購來，還有一大筆尾款待付，要兩三年才能還清小偷欠下的債，兩口子欲哭無淚。所以，為了守著你那些唱機錄影機攝影機什麼的，還有你說的那個好貴的寶貝吉他，我那裏都不去了……。」

許順生愧然的望著神情落寞的父親，心中非常不過意：

「爸，明天我幫您邀些朋友來玩，我負責弄飯，您可以安心的打個痛快……。」

「你不用管我，你還是趕快去打聽有沒有合適的，別太挑剔，成家要緊，一切都等你結了婚再說，你結了婚，家事有人負責，那才是真正解決問題之道。」

父親的聲調帶點蒼涼，許順生了解父親生活的寂寞：

「爸，您放心，我知道這個家需要個女人，爸的生活需要有人照顧，我會儘快讓爸過安定的生活的。明天我還是先找些朋友來陪陪您……。」

「找金伯伯他們來飲兩杯聊聊天倒可以，他也是孤家寡人。打牌我倒不在乎了，我現在對打牌的興趣已淡，那玩意太花時間，也太傷神，手氣好的時候，摸了個清么三數雙龍抱又如何？當時哈哈一笑，轉眼就煙消雲散，不留一點餘味，如果手氣背，那真是氣死人急死人，被牌氣的那種磨折滋味太不值得，何苦找罪受，所以，就算以後環境允許我也不想玩了。我現在學會盆景造林，在電視上學到的，非常有意思，你到院子去看看，就知到我的成績。這種消遣，時間投下去會有代價，將來成品多了還可以送去寄賣，我最近買了好幾本這方面的書，打算好好的研究盆景藝術。那比打牌有意思得多。人有成就感活得就有價值、等你成了家，我可以自由走動，我還可以到處去參觀、旅遊，還可以……。」

父子倆談得雖然還算投機，卻是各懷心事。

遊子回來，許家又恢復往日的熱鬧，塵封了幾個月的唱機首先扯開了喉嚨，平時難得一響的電話變得熱絡起來，可以羅雀的大門也開關頻繁。幾位搬走了的老鄰居老同事，托年輕人的福又可以聚在一塊，小飲兩杯或摸個八圈了。每當許順生穿得整齊點出去，做父親的就會有很多愉快的揣測。

這天，許順生一早出去了，家裏很安靜，許以明又埋首在他冷落多日的盆景上。傍晚時分許順生興沖沖的回來：

「爸，有好消息了，我跑了一天，肚子好餓，先吃飽飯再詳細告訴您……。」

許順生不讓父親有問話的機會，到廚房裏弄好晚飯，父子倆對酌了一會，看見父親已有點酒意，才慢吞吞的說：

「……是幫乾媽家清潔的李嬸介紹的，鄉下小姐，三十幾歲，條件是要二三十萬，讓她那相依為命的祖母能住到齋堂去，她就可以無牽掛的嫁人……。」

許以明眉開眼笑的端起酒杯一乾而盡：

「三十幾歲的人比較成熟可靠，錢不成問題，結過婚嗎？」

「李嬸說是老小姐當然沒有結過婚，她說人還不錯，靠洋裁生活，這幾年成衣太多，洋裁生意少了，生活就更清苦，李嬸說她原積了點錢，打算等祖母百年後自己到佛門渡餘生，沒想到給村人倒掉了，現在是她祖母堅持要到齋堂去。如今的佛門也很現實，能捐一筆錢的就能享較好的生活，所以，也是李嬸好心，她說兩邊她都熟，如能成功，大家都好。」

「只要不是騙局，倒也合適，問題是她的長相呢？這很重要，以前幾個那麼好的你都不中意，我擔心……？」

許順生瞄父親一眼，含蓄的笑笑：

「李嬸已經安排好明天去相親，你去看了便知。」

「明天？這麼快？」

「爸不是說越快越好嗎？所以，明天就去相親，只要爸看中意，一切事情包給我去辦。」

許以明莫名其妙的瞪著兒子：

「什麼我看中意？你娶老婆當然是你自己中意才行。」

自認胸有成竹的許順生忽然心中卜卜亂跳，想了一會才鼓足勇氣提心吊膽的閉上眼睛，小聲的說：

「爸，明天相親的是你不是我，我只不過……。」

許以明楞了一下才聽出事態嚴重，火氣一下上升，忽然咆哮起來：

「你發什麼神經，誰准你這麼做？你簡直莫名其妙……。」

應該是意料的事，舊話重提而已。每次許順生回來，許以明迫兒子結婚，許順生則勸父親再娶，父子倆為此事已爭執過無數次，都無結果。這次許順生用了心機，做好圈套，迫使父親中計，難怪許以明暴跳如雷，霍地站起來在屋裏繞了一圈，指著兒子大吼。

許順生低下頭不敢看父親的表情，只幽幽的說：

「是您自己前天在乾媽家親口答應人家的，人家才那麼認真的去進行，您還說……。」

許以明突然靜下來，回想那天兒子和他到丁家吃飯的情景，火氣一下降下來：

「那天我喝醉了，醉話怎能算數？」

父親一軟，許順生馬上把頭昂起來：

「爸自己誇口從未醉過，現在又推說是醉話，已經太遲了，人家已經把您的話奉為聖旨，馬上執行了，現在人家……。」

許以明避輕就重，指著兒子繼續罵下去：

「你要搞清楚，這個家需要結婚的是你，你乾媽那麼熱心，為什麼不為你著急，枉費你媽和她幾十年的交情，生病的時候還把你的事情託付給她，該她多管的閒事她卻不管。須知你一天不結婚我的責任一天不了，將來怎麼向你媽交代？」

許順生小聲的順著父親的口氣說：

「我就是這個意思，我不能在家伺候您，我在外面工作也難安心。所以我才急著找一位能陪伴爸爸生活的人，爸的生活有人照顧，我對媽也有交代……。」

「我的生活不必你操心，只要你結了婚，這個家有人負責，你能過正常安定的生活，我自有我的打算……。」

「爸，您別那麼固執好不好？等我厭倦了海洋生活，我自然會安定下來，到時候再成家也不遲。您以前不是說過大丈夫何患無妻嗎？您就成全我吧！求您明天去看看……。」

「莫名其妙，人家都是反對老子再娶，那有強迫老子再婚之理……。」

「爸，我不是強迫，我是求您去看看，合適您才要，不合適就算了，又沒有損失什麼？李嬸為這件事已跑了好幾次，明天一切都安排好了，總不能……？」

「荒唐，實在荒唐，沒徵得我同意就答應去看人家，不行，我不去，你趕快想辦法回絕人家，我沒這個膽，我丟不起這個人，傳出去豈不笑話……？」

「爸，我們已經說好保密，不會有人知道的，明天我陪您去相親，有我做伴，您儘管……。」

「荒唐，越說越離譜，那有兒子陪老子去相親之理……？」

許順生看見父親口氣已軟，忽然笑起來：

「有什麼關係，這就叫反哺，也叫回饋呀，爸爸是守信的人，您的話已說出去，人家也安排好了，無論如何，拜託爸爸明天走一趟，才不致讓乾媽李嬸難堪，好不好？求求您……。」

許以明自知理虧，也拗不過兒子一再哀求，無可奈何的搖搖頭嘆口氣，端起酒杯一仰而盡，隨手拿起酒瓶，自以為捨命陪君子似的慷慨激動。

許順生誠心讓父親一醉，免得再多唇舌。父子倆豪爽的把半瓶白蘭地喝光了。看見父親醉態已濃，他輕輕的把父親扶上床。

事情還算順利，心情反而沉重，酒喝多了，人難免多感觸。許順生回到房裏，小心拿起那把父親笑它為「寶貝」的吉他，輕輕的撫弄著，他希望盡量調整自己的情緒，強迫自己集中注意力，才能彈奏那支「魔笛」，那是他練了好幾年的曲子。幾番努力，明快如瀑布似的音符終於熟練的在指縫間跳躍出來……。

從中學開始，他就愛上古典吉他，可惜沒有很好的環境薰陶。他一直都希望有一把好琴，當他頭一次到日本，看到日本古典吉他那麼普遍，水準也高，心中十分嚮往。他忍痛花了一個月薪水買下這把寶貝琴，藏在家裏，每次回來，他才能和它獨處，而在船上陪伴他的，仍然是那把陪了他十幾年的老朋友。他曾經有過夢想，希望有一天能到吉他聖地西班牙求一些吉他方面的學問，所以，他的拚命賺錢，並不完全是父親所說的出口氣。現在，他只希望能到日本進修也不錯。所以他仍須要賺錢，有錢才能隨心所欲，這就是他要上遠洋船的原因。至於結婚，他也不是盲目拒絕，是他最反對相親，他認為相親太俗，他相信婚姻靠緣份，不需要刻意安排介紹。在偶然的機會，一見鍾情，然後來電，那是他理想中的羅曼蒂克姻緣。這種事可遇不可求，所以，他一直不急於匆促結婚。而且，一次觸礁，元氣已傷。好在有吉他為伴，寄情音樂，一樣情有所歸。結婚一事，就讓它順其自然吧！只要父親有伴，生活有人照顧，他就可以無憂無慮的帶著吉他，學那遊吟詩人浪跡海洋了……。

更深人靜，許順生仍然在房裏思潮起伏的彈奏著他心愛的吉他！

許以明一覺醒來，感到唇乾舌燥，昨晚的酒又過量了，腦袋有點昏沉。客廳裏飄來兒子慣常聽的音樂。他信步走去，餐桌中央擺著一壺茶，碗筷小菜擺得整整齊齊，茶杯下壓著一張字條：

「爸，茶已沖好、粥也煲好，我有事出去一下，很快就回來。您先準備好，我回來馬上出發。」

許以明無動於衷的哼一聲，熱茶很受用，正中下懷，轉眼功夫，一壺兒子帶回來的上好龍井牛飲似的下了肚，整個人舒暢起來。早餐沒胃口，澆完花，拿份報紙悠閒的若無其事。

兒子不知道什麼時候站在身旁，聲音焦急：

「爸，您還在看報紙？還不趕快換衣服？來不及啦！」

許以明心中一怔，馬上鎮靜過來：

「換什麼衣服？當真相親不成？」

「本來就是相親嘛，昨天說得好好的，您可別變卦？」

許順生看父親無動於衷，急了，趨前一步，聲音更大：

「爸，拜託，真的來不及了，我們還要到乾媽家去接她呢，快去換衣服吧！」

許以明無可奈何的回房去，出來的時候換了雙皮鞋，穿一件平時上街的香港衫。許順生一看皺起眉頭：

「爸，好歹也是相親，您換套西裝行不行？您看我都陪您穿上西裝了。」

許以明瞪兒子一眼，不耐煩的提高嗓門：

「告訴你我不是去相親，我只是去還一句醉後欠下的債，我是非常不甘心的走這一趟，你如果認為我這麼穿不妥，不去算了，省得我去出洋相。」

許以明坐回椅子上，隨手拿起報紙。

許順生識趣的慌忙陪笑，眼睛卻盯著父親的頭髮：

「不換就不換，這件也好，不過您的頭髮太亂，我去拿些髮蠟……。」

不等父親同意，許順生匆匆回房裏抹點髮蠟拿把梳子幫父親整理頭髮。許以明瞧著這個身材魁梧而幼稚得可笑的兒子，不覺又嘆口氣。心中不悅，像關公似的端坐著，任由兒子擺佈。

「爸，來點笑容嘛，您這樣子會嚇壞人家的，我們是去相親不是去討債呀。」

許以明鼻子哼一聲算是答覆，卻是連嘴唇都沒動一下。

走到大門，許順生遞給父親兩個紅包：

「爸，照她們規矩，去相親要給紅包。小姐端茶出來的時候您可以仔細的看，中意了，把那個厚的紅包壓在茶杯底，萬一不中意，也要放個薄的，一定要給紅包，這是規矩，否則……。」

許以明用手一擋：

「荒唐，我不來這套，要給你自己給，我還是那句話，看了也是白看，不會有結果的，你枉費心機。等會告訴你乾媽，僅此一趟，下次槍斃我也不去。」

許順生聳聳肩膀，乘父親不備，硬把兩個紅包塞進父親口袋裏。半扶半推的把父親送上他向朋友借來的轎車，親自駕駛帶父親去相親。

在一條巷口，許順生的乾媽已等在那裏，車一停，許順生還來不及下車為乾媽開車門，乾媽已坐進車廂。

車廂內的許以明氣唬唬的端坐著沒有和她打招呼。

福福泰泰的乾媽新染一頭黑髮，穿戴得很講究，倒真像是去辦喜事似的。她早就摸透老朋友的牛脾氣，坐上車半天才笑著說：

「我知道你會生我的氣，我也是沒辦法呀，我被順生迫得團團轉。話說回來，你這個兒子也夠孝順的，現在的年輕人有幾個為父母牽腸掛肚的？你有吃有住又有錢用，他大可以不操這份心。別的不說，我那個寶貝兒子你該知道？一走五六年，連信都懶得多寫兩封回來，還指望他關懷孝順？你該感到欣慰才對。我和他媽情逾姊妹，如果有合適的，她一定也希望你有個伴。兒子苦心的替你找個人陪伴，人家求之不得呢？你居然還要生氣，太不惜福了。」

一席話，說得許以明有點動心，一時百感交集，淒然的也說出心中顧慮：

「他把事情看得太單純了，找個人陪我？那麼簡單嗎？我和他媽已經過了大半輩子，生活習慣已經定了型，要想改變去遷就適應另一個人，太難了。反過來說，我們也沒有權利要求人家來遷就我適應我呀。我現在生活過得很平靜，那是我和他媽媽過去生活方式的延續，我不想改變，也不願被破壞。唯一希望就是順生不要再上船，找份安定工作、結婚、生子，我就……。」

「好啦，爸，到了這個時候您還說這些有什麼用？您不把情緒陪養好等會怎麼相親呢？」

說話間，車已轉出市區，一路打聽問人，才找到目的地，車在一條鄉道旁停下來，要步行一段羊腸小徑。不遠處，看見李嬸已在招手。

許以明心中一陣忐忑，事情是衝著他而來，想泰然還是辦不到。他故意把腳步放慢走在後頭，越來越不是滋味，明明是兒子弄的圈套，為什麼要來？現在想退出已來不及了。生平頭一遭做這種尷尬事，心中感到好窩囊。

竹林裏，池塘邊，一間磚造的老舊農舍，一位頭髮蒼白臉上佈滿皺紋的老婆婆站在門內張望。

李嬸為他們介紹，她似懂非懂的仍然站在那裏，看不出有任何表情。

屋裏幾張古老的木桌椅，一部縫衣機，一張剪裁用的長木桌。桌上一架手提收錄音機，一堆為數不少的錄音帶，和一大堆一綑綑待加工的成衣。

許順生神態洒脫，心情輕鬆，他在屋裏走來走去，四處觀望，拿起那些錄音帶行家似的仔細審視，不斷的點頭作欣賞狀。

許以明的心境正好相反，他如坐針氈，心中忐忑更甚，他無心打聽兒子和李嬸他們竊竊私語的內容，只顧一口接一口的猛吸煙。忽然，他發現老婆婆的眼睛一直盯著兒子看，臉上帶著笑容，她心裏想些什麼？莫非她搞錯了？他忽然心中大亂，莫名其妙的驚恐起來。思緒紊亂中，瞥見李嬸揭起門簾，一位十分端莊的小姐托著茶盤出來。白皙的皮膚，長長的秀髮，均勻的身材，臉上帶著淡淡的笑意。怎麼看怎麼猜都是二十上下的年紀，完全不是想像中鄉下老姑娘的模樣。她沒有和大家打招呼，也沒有開口，只低著頭把茶分給客人，隨即轉身進去了。

驚鴻一瞥，大家都怔了一下。

許以明很快就正常過來，心裏忽然有踏實之感。齊大非偶，跟本不可能的組合。自認不可能，心中反而坦蕩蕩。他瞥兒子一眼，沒想到給兒子的神情震住了，他從未見過兒子有這麼嚴肅的表情，他怎麼了？有什麼不對嗎？為什麼……？

忽然，他恍然大悟，原來如此。這——該怎麼辦？他心中又緊張起來。還未想出對策，卻看見兒子一臉疑惑、詫異的問李嬸：

「是她嗎？真的是她嗎？不是開玩笑吧？怎麼會是她呢？」

許以明愕然的問兒子：

「你認識她？」

許順生茫然的搖搖頭：

「不認識，從未見過。」

「那？你為什麼說怎麼會是她？這不就是認識了嗎？」

許順生繼續搖頭，嘴裏喃喃自語般：

「不認識，一點都不認識，只是，怎麼會是她……？」

許以明大惑不解，驚恐又襲上心頭：

「你簡直是語無倫次，你到底怎麼了？」

李嬸、乾媽，都用驚異的眼光瞪著他，大家都不知道該怎麼辦。就在這時，門簾又揭開了，小姐再次端莊的低頭走出來，手裏拿個托盤。就在她踏出房間的霎那，許以明一個箭步，把那封厚厚的紅包塞到兒子手裏。

許順生一時不知所措，懵然的拿著紅包，小姐已站在面前。

「給紅包呀？傻瓜……。」

他聽父親在叫，一時沒主意，聽話的把紅包連同茶杯放在茶盤裏。事情發生得太突然，幾乎連許以明都不知道自己做了些什麼？

由阿婆家出來，許以明一馬當先走在前頭。他心情出奇的輕鬆。他沒有料到自己會有這麼大的勇氣和果斷做這件事，他感到好得意。有生以來從未這麼得意過，長久以來沒有這麼想笑過。他想笑，他打心底裏想笑，他盡量忍著不笑。他偷偷的瞥兒子一眼，兒子的表情很新鮮，不知道他心裏想些什麼？他不想問，也不想和他說話，他只想笑，他盡量忍著不笑……。

兩個女人向他追上來，他加速腳步避開她們，他不想聽她們嘮叨，不想向她們解釋，更不想和她們說話。他只想笑，他盡量忍著不笑，沒辦法，他實在忍不住，突然猛一回頭，瞪著那三個尷尬的人，忽然哈哈的大笑起來……。